目　　录

JN123516

日本汉语语法研究的萌芽和兴起*

石村广

（中央大学）

摘要： 日本人在研究中国语言时，通常将汉文和汉语加以区分，这使得日本的汉语学习者不能很好地接触到汉语的语音语法，同时也限制了日本人对中国语言文化的深层次理解。本文在以往研究的基础上，把汉字和汉语典籍传入至江户时代以前的这段时期作为"语法研究以前"；把江户时代初期《新刻助语辞》传入日本以后至江户时代末期的这段时期作为"萌芽期"；把由 1877 年大槻文彦解《支那文典》发行至 1945 年第二次世界大战结束的这段时期作为"兴起期"，并分别讨论日本特有的汉语语法研究情况。

关键词： 汉文训读 助语辞研究 汉文典 唐话 官话语法

一、引言

日本的汉语研究很长的一个历史时期内，都是围绕着"汉文训读"展开的，跟现在所说的外语研究的性质迥然不同。但是二战前的日本汉语语法学的自觉性和独立性是应该得到评价的。本文在以往研究的基础上，把日本的汉语研究分为三个阶段：（一）"语法研究以前"，指汉字和汉语典籍的传入至江户时代以前的这段时期；（二）"萌芽期"，指江户时代初期《新刻助语辞》传入日本以后至江户时代末期的这段时期；（三）"兴起期"，指明治时代至 1945 年第二次世界大战结束的这段时期。

二、语法研究以前：3 世纪—江户时代初期

2.1 汉文与训读

据记载，汉语言文字大约在公元 3 世纪左右由朝鲜传入日本。一般认为，日本人开

---

* 本文为中国国家社科基金重大项目"境外汉语语法学史及数据库建设"（16ZDA209）的阶段性研究成果。本文在修改过程中得到张黎（大阪产业大学）、前田真砂美（奈良女子大学）、李梦迪（名樱大学）、张岩（安徽工程大学）等师友的宝贵意见，在此表示由衷的感谢。文中如有舛误，概由笔者负责。

始学习中国典籍是在大和朝廷成立以后。从奈良末期到平安中期，在律令制度下官办的"大学寮（培养官吏的机构）"中，由被称为"音博士"的中国教育官来教授汉语发音和背诵儒家经典，由日本教育官对此进行解释和说明。在大学寮中，虽然也采用训读的方式阅读汉语典籍，但在正式的读法上仍以音读为主[①]。空海、最澄两位日本僧人留学于长安的时间是在9世纪的初期。

然而，在平安前期（894年），由于遣唐使的废止中断了日本与中国的交流，从此音博士开始由日本人来担任，因而导致直读法开始逐渐衰退。大学寮的官员原本由学德兼备者担任，但从平安中期以后，由于官职的世袭化现象愈演愈烈，大学寮的官员一职也集中于某一特定氏族[②]。此外，平安朝末期（12世纪末叶），用颠倒日语语序的方法来读汉文，这种方法是在汉文旁边加上"ヲコト点"来表示日语中的助词，再去诵读汉文。这种方法的出现应该是有史料可证的日本人对汉语句法意识的最早载体。

比如说，《史记·孝景本纪》中的点（见左图），这些点的位置严格遵照右图的点位分布。如"太子"中"子"字的右上点与右图右上的"ヲ"对应，"徹"字右上的点也与右图右上的"ヲ"对应。因此，此处读作"皇子徹ヲ"。与"徹"字稍远的点对应"立テテ"中的テ，而"王"字右边中部靠下的点则对应"ト"。右图中，若从左下角的"テ"开始顺时针向上读四个角，则有"テニヲハ"；若从右上角开始向下读，则有"ヲコト"，因此一般把它们称作"ヲコト点"。在此基础之上，进入镰仓时代（13世纪）以后，便正式形成了用"送假名"和"返点"的方式去阅读汉文的所谓"训读法"[③]。

日语中的"漢文"在广义上指汉诗文和汉诗文以外的散文，狭义上则单指散文。直到平安时代，日语中的"文"，指的是汉文。所谓"汉文训读"是指学习汉文的一种特殊的阅读方法，是日本人长期使用的阅读传统古典中文的一种方式。"训读"是指，通过"返点"的方式将古典汉语的语序变换为日语的语序，再在语句上嵌入日语的音读音和训读音，从而进行阅读的一种方法（广义上，和训中"训"指汉字的训读音）。在保留古典汉文原有形式的基础上，用日语的方式训读，有一定的困难，因此，采取了以下几种解决方法：

四年夏・立太子・立皇子徹・爲膠東王・

①谓语及宾语（补语）等位置不同 ➡标注返点

②日语中的助词、助动词、敬语等不用汉文表记 ➡添加日语助词、助动词、敬语等读法

③汉语中的"之""乎""也"等助字无法与日语完美契合 ➡根据语境自由选择，可读可不读。

德川时代，由于封建统治者采取"文治政策"，即：以儒家思想作为政治指导精神，所以汉文的读解极一时之盛，再加上当时正是日本执行"锁国政策④"的时期，断绝跟外国自由往来，因此学习汉语对日本人来说，已经没有必要。这就使得一般人满足于用"训读法"来读汉文，而不认真学习真正的汉语。过去的日本人发明了训读这一方法，并以此将发音与语法不同的汉文融入到了日本国语之中，可以说，汉文训读是以汉文做为基础，所编制的一套"人为的书面语"。

2.2 汉文训读中所见的语法观念

上文我们说明了，自汉字传入日本以后，汉文典籍的读法经历了由音读（直读）到训读的变化。汉文训读指用日语来阅读和解释古典汉语，然而，想要完全避开做为外语的属性要素，是不可能的。并且，这些汉语是纪元前的古代汉语，是与日语完全不同的单音节孤立型语言（isolating language）。日本著名的国语学者山田孝雄（1935：20）言之如下：

> 今日之训读法，持汉文之型，译吾国之语，只有通汉文与国语，方始有创造之功。然，汉文与国语词性相异，语格有别，既有彼有我无之语法，也有彼无我有之语法，以彼无我有其中最显著的是，彼之助字与我之用言的活用、复词尾、助词的有无。如此这般，将这样的差异通过语序颠倒，消化，逐译之，然而，在没有任何语义缺失下，通过颠倒语序来进行读解，到底是苦难的。这一点前人已有定论。

语序是汉文语法中的重要基石。汉文中训点，一方面通过返点指示，将汉文语序置换为日语语序；另一方面，通过添加假名来指示格助词，明确原文中的句法关系。可以说，通过这种训点可以大致指明原文的句法结构。从另一方面来说，当时的日本人为了能够正确理解用古代汉语书写的汉籍，自发地将汉语的结构与日语进行了对照和比较。

3

这与现在一般意义上的对照语言学相似。

被动表达就是这方面的典型例子。汉语句子是词与词意合而成的。王力（1958：419-436）、潘允中（1982：244-259）等很多研究表明，最初古汉语只有以主动形式（也就是说，OV 的语序）表示被动意义的句式，后来才逐渐产生几种表示被动的语法形式，如："国一日被攻"（《战国策·齐策一》）、"大王见欺於张仪"（《史记·张仪列传》）等。具体来说，左例"陶之富人朱公之子，殺人囚楚。"（《史记·越王勾践世家》）中，虽然没有被动标记，但可通过后半部分的语义进行识解。但是，用汉文训读法时，即便原句中无被动标记，在阅读时也需要使用表达被动的助词，如"－（ラ）レ－"，读为"人ヲ殺シテ楚ニ囚ラハレタリ"。在汉语主谓结构中，谓语是对主语部分的说明，谓语为动词时，其主语常常可作施事解，也可做受事解，但在汉文训读中，主语与谓语是主动关系还是被动关系，可以用训点明示。这意味着，日本人的先祖把这种无标记形式的句型解释为被动表现。他们早在一千年以前就发现，汉语被动句之所以不用任何语法标记，是因为通常是通过内部结构的语义关系来构成的，即无标记被动句最为符合汉语传统习惯和民族的思维表达方式，对汉语来说，只要不引起误会，语言不妨精简些。由此可以看出，日本人对汉语语法的意识观念早在汉文训读中就已经显现出来。

陶ノ之富人朱公ガ之子、殺シテ人ヲ囚レラハレタリ楚ニ。

三、汉语语法研究的萌芽期：江户时代初期—末期

3.1 助语辞的研究

日本人对"汉语语法的研究始于何时，以及是如何产生的?"这些问题看法不一。牛岛德次（1989/1993：12）认为，意识到"助字"这一概念，并把它应用到训诂当中，是汉语语法研究的开始。在中国，这一研究始于西汉(公元前 100 年左右)；而在日本，始于江户时代初期。事实上，江户时代发展起来的助字研究就反映了过去日本人对汉文句型的深入分析和理解。此外，长崎唐通事、黄檗宗的僧侣们研究汉语唐音；荻生徂徕、冈岛冠山等部分汉学者也采取直读法学习汉语等等，这就掀起了江户中期汉文研究的风潮。

由于不使用助字，后人将无法理解典籍的语义内容，因此对理解文章来说，助字研

究是不可或缺的。首次对助字进行记述研究的是元代卢以纬所著的《语助》。牛岛德次
(1989/1993：17)指出，此书是由明代的胡文焕把原书胡长孺(元代人)的《序言》和本
书的一部分内容删除后，加上自己的《序》，再改名为《新刻助语辞》之后刊印的。它
是在明代万历年间发行的，东渡日本后对当地影响很大，在江户宽永年间（1624-1644）
以《新刻助语辞》为名被多次翻刻（具体在江户初期的何时传入，尚不明确）。从江户
幕布末期至明治年代中期约 250 年间，该书成为了助字研究的核心，深受世人重视，因
此也成为了这门学科研究的原动力。

从历史上来看，汉文训读法在室町时代以后就发生了转变，将原本以"置き字"（不
读字）表达的虚词也尽量读出。这是训读法的重要变化。汉籍中的文字并不能字字都以
日语读，因此，直到镰仓中期，由博士家继承的"古点"这一训读法中，一般不读置字。
到室町时代，随着汉学的发展，人们才开始尝试阅读这些置字。对于汉学的学习者来说，
首先就是要将基础古典按照原文背诵下来，自然就要求必须逐字且一字不少地进行阅
读。这是信奉朱子新注的学者们所主张的新型阅读法。尤其是，对后世影响较大的临
济宗僧人桂庵玄树（1427-1508）就主张这种读法，即助字、置字等全部要读出来。例
如，他认为连词的"则"、"而"及表动词宾语的助词的"之"都要读出来。另外，关于
"也"，他还主张，虽然有时候无法读出来，但出现在句末时可读作"ナリ"，出现在句
中则大致可读做"ヤ"。

与其说训读法是把原文的语义翻译成日语，不如说是为了更好地识记原文。因为随
着江户时代朱子学做为官学得以发展，所以像桂庵和尚那样的专注于助字研究得到重视
也是必然的。就在这个时期，《新刻助语辞》由中国传入日本。在这样的历史背景下，
最先对其进行解说和研究的是毛利贞斋（生卒年不详），他连续撰写了《鳌头助语辞》
（1683）、《训蒙助语辞谚解大成》（1708）和《重订冠解助语辞》（1717）。其中，《鳌头
助语辞》首次复刻了《新刻助语辞》的全部内容，正如书名那样，在头部与左右两边留
下较宽的间距，在此对序文与原文进行逐词注释。由于原书过于简略，因此在注释时，
通过查阅韵书与字书，对卢以纬的记述进行补充，同时，也对原书中所引用的内容的出
处进行了详细的调查。这本书虽然并未展现贞斋自身关于助字的看法，但它有助于读者
认识到助字研究的重要性，这一点可以说在日本具有开创之功。

自从毛利贞斋的著作问世以来，许多学者先后发表了不少研究成果，几乎都是研究
"助字""虚字[5]"的，例如：《广益助语辞集例》3 卷（三好似山，1694 年）、《译文筌
蹄 初编》6 卷（荻生徂徕，1715 年初版、1753 年再版）、《语助译辞》2 卷（松井可乐，

1719 年)、《新刊用字格》3 卷（伊藤东涯，1734 年初版、1792 年第二版）、《操觚字诀》
10 卷（伊藤东涯，1763 年）、《史记助字法》2 卷（皆川淇园，1760 年）、《左传助字法》
3 卷（皆川淇园，1769 年）等。在这里，由于篇幅限制，无法深入介绍它们。

3.2 词类划分的独创性

特别值得一提的是，日本汉学语法由于受到日本国语学研究的影响，在词类论方面
展现出较早的独创性（李长波 2003）。马建忠的《马氏文通》（1898）仿照拉丁语的词类
系统对汉语词类做了分析，在此之前，就汉语的词类而言，大概只有所谓的"实字"与
"虚字"两类。对此，皆川淇园(1734-1807)则主张将"实字、虚字"分为"实字、虚
字、助字"三类，除此之外，大约在清前中期，伊藤东涯(1670-1736)在《操觚字诀》⑥
一书中，将副词与动词分开，确立了词类的四分法。他的"实字"为名词；"虚字"为
动词、形容词；"助字"为十余个常见的语气词、助词；"语辞"为"助字"以外的虚词
（王雪波 2020：119）。这些研究被普遍认为是日本汉语语法学的先驱。

3.3 口语语法研究的萌芽

虽然汉文训读普及广泛，但在江户时代也出现了长崎的唐通事、儒学者、小说家等
各界人士研究汉语唐音的现象。其中唐通事、黄檗宗的僧侣们成为了唐音研究的主流，
除此之外，荻生徂徕和冈岛冠山则采取直读法学习汉语，在 18 世纪的后期，掀起了一
股学习汉语的热潮（王顺洪 2008：11-15）。

3.3.1 唐通事

在执行锁国政策的德川时代，长崎一地由于还保持与中国的贸易关系，所以就形成
了学习汉语的风气。当时，担任与长崎入港的"唐船"交涉事务的翻译人员，被称为"唐
通事"。这些唐通事多半是明朝末年移居日本的中国人的后裔，其中也有少数的日本人。
唐通事几乎成为一种世袭的职业，据说最多能达到七十家。除了长崎以外，纪州、萨摩
等日本的其他航路要冲也有"唐通事"。为了探求海外新知识，以长崎唐通事为中心的
汉语学习风气，传播至日本国内各地。

3.3.2 禅僧与黄檗宗

邵敬敏（2006：389）认为，日本汉语研究工作的正式开始，是在 17 世纪佛教"黄

檗宗"传入日本以后，以研究中国传统语文学为主。这个看法是很有道理的。黄檗宗是中国禅宗的一个教派，属于临济禅系统。明朝末期，在福建省福州市黄檗山万福寺广布禅道的隐元隆琦禅师（1592-1673），应日本数次邀请，带着许多弟子和匠人，于江户时代承应 3（1654）年远赴九州长崎。禅师来日的消息不胫而走，许多来自日本各地的修行僧都赶来迎接、拜访、聆听教诲。随后后水尾法王与德川将军也都相继皈依。德川家网公赠送隐元隆琦寺庙用地 10 万坪，目前位于现今京都府的宇治市。该寺庙仿照中国的万福寺，建造出了具有明朝风格的禅寺（1661 年），隐元隆琦通常都用汉语诵经，法会与修行方式也都保留着明代的风格。因此，自隐元渡日以来的一百三十余年间，留住在日本的中国僧人和同他们不断往来的日本僧人及学者们之间的频繁交流，大大地促进了"唐话"的发展，形成了一个大规模的汉语研究集团（王雪波 2020：16-18）。

3.3.3 荻生徂徕和冈岛冠山

德川时代，在幕府所在地的江户也有人研究汉语，其代表人物是江户中期的儒学者荻生徂徕和冈岛冠山。荻生徂徕(1666-1728)认为朱子学是基于臆测的伪学，在此基础之上进行古典解释并不可靠（他创立的"蘐园学派"，在日本儒学中归属于古学派）。他主张依据古文辞学来阅读古代汉语典籍。古文辞学将太古时代建道（统治基准）者称为圣人，而只有基于圣人的古言古意才能正确理解古代典籍的意义，但由于训读法改变了原文的语序，所以是不准确的。徂徕对学习汉语的方法抱有一种独特的见解，他主张汉文的教授应从"长崎的学问"（即汉语）入手，教授俗语，背诵汉语语音（"华音直读"），并以日文俗语翻译。他认为，只要承认汉文是外文，就不该以不伦不类的训读法进行典籍阅读。代表作为：《译文筌蹄 初编》6 卷（1715 年初版，1753 年再版，丽泽堂藏版）。

冈岛冠山（1674-1728）是长崎人，最初通过长崎人国思靖（别名为上野玄贞，1661-1713）学习了汉语。他是唐通事（南京内通事），同时也是在教授和推广汉语工作中出力最多的人。他在蘐园学派举办的汉语讲习会"译社"上担任讲师，之后又致力于在江户推广唐话学。他采用了音读法学习唐话，因此在他所著的第一本汉语入门书《唐话纂要》（1716 年初刊）中标注了大量的唐音（一般认为其记录的唐音为南京话系）。此外，冈岛冠山还翻译了白话小说和研究唐话等书籍文献，其中以《水浒传》的译本最为著名。他的唐话资料受到了当时对汉语有兴趣的人的热烈欢迎，同时也促进了中国白话小说在日本的发展（中国语学研究会编 1958：304-306）[7]。很可惜，在江户时代，这种思潮并未造成广泛的影响。以汉语读音阅读古代汉语这一现象只不过是汉语教育普及之后的产物罢了。

3.4 本居宣长的对比研究

无论是汉学还是日本国语学，在近代以前，江户时代都是最佳的学术完成期。这个时期在研究日语与汉语对比的学者中，出现了被誉为日本国学大家的本居宣长（1730-1801）。他把日语中的"てにをは"比作"汉语的颠倒"，并指出对于汉文来说，助字不是必须的要素。众所周知，汉语从古代到现代具有一贯性，语序具有高度语法化的特征。自古以来，助字都是被中国高度重视的词类，在清代之前未曾有人认为助字是造句的非必要成分，甚至有人认为助词是句法上的必要成分，不可或缺。这也是因为传统的汉学研究注重音韵与汉字，并未涉及句法结构（李长波 2003）。从这个传统观念来看，本居宣长竟然奇迹般地抓住了汉语语法特征的核心。汉学者皆川淇园也持同样观点。这些研究将从功能及语义的角度将助字和"てにをは"进行了比较，可以说是近代语法学史上汉日对比研究的先驱。

四、汉语语法研究的兴起期：明治时代初期—终战

4.1 大槻文彦解《支那文典》（1877）——汉语近代语法学的建立

明治时代（1868-1912）以前，为了研究儒学经典，以"虚字"为中心的单汉字研究十分盛行，特别是在江户时代，出现了很多有关于"虚字"、"助字"以及"助语辞"等方面的研究书籍和专业书籍。这虽然可以说是日本语言研究的萌芽，但从整体上来看，与欧美的"grammar"不同，仍未超越传统的"文学"领域。另一方面，日本从江户时代就已开始接受兰学等西方学问，早在明治 10（1877）年就出版了大槻文彦[8]"解"的《支那文典》（乾·坤），开始构建日本独特的语法学。此书是最早将日语语法与英语语法的理论系统应用到汉语官话语法研究中去的著作，可以说是日本现代汉语口语研究之滥觞，在日本汉语语法学史上有着举足轻重的地位（牛岛德次 1989/1993，张美兰主编 2011：150-151，李无未 2008、2018 等）[9]。

此书的原著《文学书官话(Mandarin Grammar)》，是以当时的中国口语为研究对象所著。16世纪，欧洲天主教传教士来到中国，促使了描写汉语口语语法专著的诞生。此类专著包括：瓦罗《华语官话语法》(1703)、马礼逊(Robert Morrison)《汉语语法》(1815)、艾约瑟(Joseph Edkins)《官话口语语法》(1864)等。《文学书官话》诞生于这样的历史背景之下，由美国传教士高第丕(T. P. Crawford)与中国学者张儒珍合编，同治8(1869)年在山东省登州府(现蓬莱)刊行，主要内容为研究当时的官话口语，是第一本全篇用汉语写成的西方汉语语法书[10]。

大槻曾对张儒珍等人关于汉语官话的论述进行了评价，在原书上附上旁训，再加上注解后便出版了《支那文典》。在该书的"例言"中，大槻的叙述如下：

> "(这本)中国官话的语法书虽然并非高雅的'正文'，但在语法上与'正文'没有太大差异。论述和推解其字、音、话法、语法，关注细节并深入讲解语法的真意，是最有益于汉文初学者的。因此，本书在行文上附上旁注，每节再加上注释，以求对初学者有所帮助。"

在详细且中肯的注释中可以看到大槻想要将该书作为构建日语语法的参考，也可以看出他认为理解口语的构造有助于理解汉文(文言文)。大槻认为，"文学书"这一名称没有准确地表明原著的内容，因此将其改称为"文典"。不同于现在，当时所谓的"文"和"文学"是一个内涵广泛的概念，讲述语言结构的学问(即语法学)和文章法、修辞法都被视为"文学"的一部分。但是，从现在的角度来看，把说明"语法"的书籍称为"文学书"显然是不恰当的。当时的日本在江户末期就已加深了对西方的理解，实际上，"grammar"和"literature"的对应关系在这时就已经解体了。可见，日本在江户时代就已开始接受兰学等西方学问，早在明治初期就开始为构建日本独特的语法学而做出努力。该书内容如下：

上卷： 第一章　　　论音

第二章　　　论字(文字论)

第三章　　　论名头(名词)

第四章　　　论替名(代名词)

第五章　　　论指名(指示代名词)

词类从第三章的"名头"到第十七章的"语助言"共有 15 类。无括号文字部分，从原文用例中归纳如下：

第八章：　分品词（量词）〈例：条、张、双、个…〉

第十三章：折服言（否定词）〈例：不、没、未、勿…〉

第十五章：示处词（方位词）〈例：里、内、外、上、下…〉

该书虽然模仿了西方语言的语法描述，但作为一本论述了汉语整体图像及其结构的语法书，具有划时代的意义，并与其原著《文学书官话》（1869）一并受到了国内外的高度评价[11]。大槻指出日语语法研究的不足之处，并呼吁制作完整的文典。他从该书中得到了解决问题的关键提示。"我坚信该书必将成为今后撰写更加完整的文典的奠基之石"，他抱着这样的决心，在 20 年后完成了《广日本文典》（1897），日本近代语法学也是根据此书而得以确立（鸟井克之 1995：78-79）。

4.2 文典式汉语语法研究的历史意义

大槻的《支那文典》给当时的日本语法学界带来的影响极大。19 世纪末 20 世纪初，随着近代语法学的不断发展，文典式语法著作如雨后春笋般竞相问世。无论是口语语体研究还是文言语体研究，从西方传入日本的文典式语法理论著作中都贯穿着一个基本语法理论内核，那就是"品词"（即词类）体系。这与日本早就形成的语法研究传统及充分吸收西方语法理论成果有关。学术方面，日本人在明治时代以前就提倡向西方先进国家学习，翻译西方著作。最早涉及的是 18 世纪末传入日本的荷兰语语法。1868 年明治维新之后，欧美的语法理论框架给日本的语言研究带来了巨大的影响。现代日语语法中使用的语法术语，比如"品词"的各类称谓，均为翻译词，主要来自欧美语法理论。由此，大槻文彦等人奠定了以"品词论（即词性论）"为特点的日语语法近代化的基础。"大槻语法"的成立带来了日本近代语法学的繁荣，日语文典自不必说，明治 20 年以后，以古汉语文典为中心的"汉文典⑫"也相继问世。下列为日本学者编写的一部分具有代表性的汉语语法著作：

汉语口语语法著作

金谷昭训点《大清文典》（明治 10（1877）年，青山清吉）⑬

大槻文彦解《支那文典》（乾·坤）（明治 10（1877）年，大槻氏藏版）

村上秀吉著《支那文典》（明治 26（1893）年，博文馆）⑭

信原继雄著《清语文典》（明治 38（1905）年，青木嵩山堂）

宫锦舒著《最近言文一致　支那语文典》（大正元（1912）年，文求堂）

汉语文言语法著作

冈三庆著《冈氏之支那文典》（上·下）（明治 20（1887）年，松栢堂·晚成堂）

猪狩幸之助著《汉文典》（明治 31（1898）年，金港堂）

儿岛献吉郎著《汉文典》（正·续）（明治 35-36（1902-1903）年，富山房）

广池千九郎著《支那文典》（明治 38（1905）年，早稻田大学出版部）

新乐金橘著《高等汉文典》（明治 42（1909）年，松田清顺）

森慎一郎著《新撰汉文典》（明治 44（1911）年，六合馆）

广池千九郎著《增订支那文典》（大正 4（1915）年，早稻田大学出版部）

松下大三郎著《标准汉文法》（昭和 2（1927）年，纪元社）

就日本近现代尤其是二战以前的汉语语法研究来说，区分文言语体和口语语体是非常重要的。现代意义上的汉语语法研究，是指摆脱了传统"汉文训读"或"会话教学"，以探索汉语自身的规律为主要任务的研究。比如说，1887年出版的《冈氏之支那文典》是日本最先构建汉语文言语法体系的一部重要著作，它借鉴了英国人日根尾（T. S. Pinneo）的"英文典"体系，不仅有成系统的"品词"研究，而且还涉及句法关系的初步探讨，显然已经超出了汉文训读的范畴[15]。李无未（2018：192-194）指出："大槻文彦作解的《支那文典》与《冈氏之支那文典》没有沿承关系，两者语体性质不同，理论体系独立，应当认定二者各为日本口语法研究和文言语法研究的发轫之作。区分语体因素对于日本汉语语法学史具有重要意义。"

诞生于日本的文典式语法著作，受到了日清（甲午）战争后来到日本的清国留学生的关注，并由此传入中国，该著作为"国语"教育的普及做出了贡献。19世纪末20世纪初（清末民初），日本向中华民国提出的"21条不平等条约"以及《青年杂志》（《新青年》的前身）的发行等导致中国人民民族主义情绪日益高涨，让许多中国知识分子萌生了重审和充实"国文"与"国语"教育的意识，使之加强各个区域的团结并促进国家的发展。在此时代背景下，国语运动逐步兴起，在教育现场出现了通过利用语法教育来统一国语的动向。这时，日本的"文典"就成为了一个范本。未曾接触过近代语法的中国留学生看到日本人编撰的丰富多彩的汉文典后所受到的冲击和启发是不言而喻的。从这一瞬间开始，曾经由日本人独自吸取而来并深入钻研的汉文典就成为了日中共有的产物，进而传到了中国。

举例而言，猪狩幸之助和儿岛献吉郎制作的两部汉文典被译为汉语后，分别于1903年和1905年在杭州和上海发行。此外，来裕恂在留学日本时接触到上述的猪狩幸之助、大槻文彦、冈三庆、儿岛献吉郎等人编著的汉文典后，为了与之抗衡，他开始着手制作自己的汉文典，并发行了《汉文典》（商务印书馆，1906年）。章士钊编撰的《中等国文典》（正式名称为《中学师范学校用中等国文典》，商务印书馆，1907年）也可以说是他留学日本之后才取得的成果[16]。在当下通行的汉语语法理论体系中，很多基础性的术语概念、观点和方法，都能从日本近现代的汉语语法著述中找到直接或间接的源头。其中最为典型的例子就是汉语词类系统的划分和定名。但关于"文典时代"的学术交流问题，仍很少人关注，因此有待于今后更加积极的探讨。

一般认为，"引进、初创时期"语法研究的特征是"模仿西方语法教本"（龚千炎1997：3）。但是，从《马氏文通》（1898）起，有一段持续了20余年的汉语语法学的空白时期，而这个时期则是被日清战争后留日学生从日本带到中国的"文典"所填满的。陈承泽所著《国语法草创》(商务印书馆,1922 年) 通常被视为中国近代语法学的滥觞,不过,实际上挑起汉文典探讨的大梁的还是曾经留学过日本的陈承泽、杨树达等人物。此后展开的是基于汉语特征的独自理论探究。从真正意义上来说,语法分析成为语法研究的中心是在 30 年代时王力、吕叔湘、高名凯相继发表著作之后。如李无未(2018)所述,以往的研究简单地认为中国语法学体系来源于西方,却很少有人会再去深究现行汉语语法理论的东方源流。19 世纪到 20 世纪初,基于西方语言学的文典式语法著作的理论体系,是由日本人主导创建的,其影响甚大,也为汉语语法教育奠定了基础,这是一个无可否认的事实,研究汉语语法学史的学者都应予以重视。

4.3 官话文法及其主要研究成果

回顾明治时代到第二次世界大战结束期间,明治 20 年前后"汉文典"开始盛行,后来,从明治末期起以口语为对象的"官话语法"研究逐步出现并随着时间的推移方兴未艾[17]。在这样的背景下,"汉文典"从昭和初期开始走向衰退之路。当时的日本汉语语法研究,除了极少数例外情况之外,基本上都是迫于日本"进军大陆",即对汉语学习和教育的需要才进行的,或者是为了提高汉语学习和教育的效果而展开的。此外,上田万年、新村出、神保格、小林英夫等日本语言学者对汉语研究的理论贡献也不容忽视。在资料方面,六角恒广编(2001)被视为汉语相关书籍的经典著作,并列出了约 1500 册汉语教材和研究书(其中收录了明治时代的汉语教育使用的 316 本教科书)[18]。代表性的著作(会话课本、辞典类排除在外)如下:

张廷彦《官话文法》(明治 38(1905)年 5 月,文求堂)

后藤朝太郎《现代支那语学》(明治 41(1908)年 2 月,博文馆)

石山福治《支那语文法》(明治 41(1908)年 12 月,文求堂)

阿么徒《北京官话文法(词编)》(大正 8(1919)年 4 月,赤松乔二发行)

宫胁贤之助《北京官话支那语文法》(大正 8(1919)年 9 月,大阪屋号书店)

宫岛吉敏《支那语语法》(大正 10(1921)年 6 月,前田千城堂)

米田祐太郎《支那语文法研究》(大正 11(1922)年 3 月,大阪屋号书店)

何盛三《北京官话文法》(昭和 3(1928)年 10 月,太平洋书房)

张廷彦《支那语动字用法》(昭和 8(1933)年,文求堂)

熊野正平《支那语构造公式》（昭和 10（1935）年，东亚同文书院）

吴主惠《华语文法研究》（昭和 11（1936）年 11 月，文求堂）

仓石武四郎《支那语语法篇》（昭和 13（1938）年，弘文堂）

宫越健太郎《华语文法提要》（昭和 16（1941）年 6 月，外语学院出版部）

香坂顺一《支那语文法详解》（昭和 16（1941）年 6 月，タイムス出版社）

吴主惠《支那言语组织论》（昭和 16 年（1941）年 10 月，生活社）

陈彦博《支那语文法纲要》（昭和 17（1942）年 9 月，大阪屋号书店）

李颉尘《实用中国语文法》（昭和 19（1944）年 1 月，文求堂）

鸟居鹤美《华语助动词研究》（昭和 22（1947）年 10 月，养德社）

仓石武四郎《中国语法读本》（昭和 24（1949）年 5 月，日光书院）

同一时期发行的汉语研究杂志有：

伴直之助编《清话卜清文》（1904-1905）京都：东枝律书房 1-20 号

天理外国语学校海外事情调查会编《支那语研究》（昭和 13（1938）年创刊号至第 4 号由天理外国语学校崑崙会编刊、于昭和 18（1943）年 9 月刊第 8 号休刊。由昭和 21 年 10 月刊第 9 号改为《华语研究》）

宫越健太郎主编《支那语》（外语学院出版部，昭和 7（1932）年创刊，昭和 19（1944）年停刊，改名为《支那语月刊》（帝国书院）发行后，同年 12 月停刊）[19]

奥平定世编《支那语と时文》（东京：开隆堂，昭和 14（1939）年 7 月创刊）

宫原民平主编《支那语杂志》（东京：萤雪书院、帝国书院（第 3 卷～），昭和 16（1941）年创刊，与《支那语》、《支那语と时文』同时停刊，合并为《支那语月刊》（帝国书院）后，于昭和 19（1944）年停刊）

大阪外国语学校支那语研究会编《支那及支那语》（昭和 14（1939）年创刊，大阪宝文馆，由 1943 年 11 月号改名为《支那语文化》发行后，昭和 18（1943）年 11 月停刊）

《华语集编》（约 1942 年，东京：萤雪书院。不定期刊物。同时介绍学术成果。）

《新兴支那语》（昭和 21（1936）年创刊，昭和 22（1937）年停刊，东京：尚文堂）

支那语学会《支那语学报》（昭和 10（1935）年创刊，东京：文求堂）[20]

东亚同文书院支那研究部华语研究会编《华语月刊》（昭和3（1928）年创刊，昭和18（1943）年11月）停刊）

4.4《新著国语文法》及其影响

1912年中华民国成立后，从清末开始便成为悬案的"国语统一"、"言文一致"运动开始急速发展。到了20年代，以"国语"为对象的语法研究书陆续问世。其中最著名的是黎锦熙的《新著国语文法》（民国13（1924）年初版，商务印书馆）[21]。这本书是中国第一部较为系统的白话文语法著作。以下为中文版原书和其日文版译本（⇒表日文译本）：

黎锦熙《新著国语文法》（民国13年（1924）年2月，商务印书馆）
⇒大阪外国语学校大陆语学研究所译《黎氏支那语文法》（昭和18（1943）年，甲文堂书店）
黎锦熙《国语文法纲要六讲》（民国14（1925）年2月，中华书局）
⇒内藤尧佳《支那语构成法》（昭和16（1941）年，外语学院出版部）

野村瑞峰的《文法参考书》（昭和17（1942）年）收录于月刊《支那语杂志》第2卷第10号（萤雪书院）《参考书特辑号》之中。其中记在清单上的文献（103-108页），对当时日本汉语语法研究的现状做出了相当系统的整理并对其加以论说，是十分宝贵的资料。野村氏首先讲到："所谓'支那语文法'最近最享盛名的是黎锦熙的《新著国语文法》。顺应这个潮流，有不少译著在日本问世。"以黎氏语法为标准，当时约有30部影响力巨大的著作先后问世。例如：香坂顺一著《黎锦熙氏·周有光氏の著书を基とせる支那语文法详解》（昭和16（1941）年，东京：タイムス出版社）等。由于篇幅有限，现不详述。

4.5 "中国文法革新论"及其余波

很多学者认为，《马氏文通》（1898）开创了古汉语和文言文的研究之路，《新著国语文法》（1924）奠定了"国语"和现代语研究的基础。但是，从30年代到40年代，对这两本书的批判以及提倡重新研讨的呼声在中国越发高涨，从而引起发了"中国文法革新"之论争（参看牛岛德次1989/1993：70-73）。这一论争的背后存在着欧美著名语言学家索绪尔（F. de Saussure）、叶斯柏森（O. Jespersen）、布龙菲尔德（L. Bloomfield）等人的语言理论向中国传入的影响，由此，从新的视角来探究汉语的特征、运用母语语法体系的新理论越来越受到学界的重视。论争的结果，或者说在此争论过程中，令人注目的研究成果层出不穷，对当年日本的汉语研究也产生了很大的影响。代表性著作有：王力《中国文法学初探》（1936）、同《中国现代语法》（1943）、同《中国语法理论》（1945）、吕叔湘《中国文法要略》（上卷 1942；中·下卷 1944）、高名凯《汉语语法论》（1948；修订本 1957）等。受中国国内研究动向的影响，东京和关西的日本研究人员将王力等人的语法书籍推广至日本国内，从而极大地推进了日本汉语研究的发展。例如（⇒表日文译本）：

刘复著《中国文法讲话》（1932 年，上海：北新书局）
　⇒鱼返善雄[22]、中野昭麿共译《支那文法讲话》（昭和 18（1943）年，三省堂）
王力著《中国文法学初探》（1936 年，《清华学报》11-1；1940 年，商务印书馆）
　⇒田中清一郎译《中国文法学初探》（昭和 12（1937）年，文求堂）
王力著《中国语文概论》（1939 年，商务印书馆）
　⇒佐藤三郎治译《支那言语学概说》（昭和 15（1940）年，生活社）
　⇒猪俣庄八、金坂博译《支那言语学概论》（昭和 16（1941）年，三省堂）

除上文列举的著书之外，还有一些被翻译的新的研究成果著作如下：

ベルンハルド・カールグレン（Bernhard Karlgren）著《支那言语学概论》（岩村忍、鱼返善雄译，昭和 12（1937）年，文求堂）
デンツエル・カー（Denzel Carr）著《现代支那语科学》（鱼返善雄译，昭和 14（1939）年，文求堂）

除了著书以外，很多在海外发表的论文也由日本学者译为日文。因为篇幅有限，在此无法全部列出，敬请读者谅解。另外，在 1895 年至 1945 年间，日本出版了大量的台湾闽南语语音、语法、会话课本及工具书，也备受关注。详细情况可参看李氏所著的"日据初期台湾闽南语会话课本教学和方言史价值"（载于李无未 2014：293-305）[23]。

五、结语

本文主要讨论了萌芽期和兴起期的日本汉语语法研究概况。中国典籍在平安初期以音读，到中后期变为训读，训读法成为了学习汉学的一种专门语言。以训读法阅读中国典籍与典籍原本的汉语十分不同。因此可以说在古汉语与日语相遇的初期就已经产生了日汉对照和比较。这是日本"语法研究以前"的大致情况。

在江户时代，随着汉学的普及，依原文读出助字和置字已成为当时的一项准则。就在这个时期，卢以纬所著的《语助》（即明代发行的《新刻助语辞》）由中国传入日本，由此助字（助辞）研究得以发展。另一方面，受到长崎唐通事、儒学者等人的口语研究的影响，出现了采用直读法读解中国古代典籍的学派。但这些都与体系性的研究相去甚远，其原因在于，与其说是对汉语本身的研究产生了兴趣，不如说是为了正确理解中国古代圣贤们所留下的经典。从现代语法学的角度来看，江户时代可以说是汉语语法研究的萌芽期。

本文将由大槻文彦解《支那文典》发行的 1877 年至二战结束的 1945 年之间作为日本汉语语法研究史的兴起期。《支那文典》最先超越传统的"汉文训读法"，迈入近代语法研究的临界点。19 世纪末 20 世纪初，诞生于日本的"文典"以及在日本展开的品词论（词性论）对海外的影响极大，中国、朝鲜也相继出现了很多文典式语法理论著作。在这一时期，日本学者在吸收和转化西方理论方面是明显领先于中国、朝鲜的。但文典式语法研究随着官话法研究的普及而呈现出衰落的迹象。

纵观第二次世界大战结束后的学界动向，日本的汉语语法研究可以说是发生了巨大的变化。其显著特征就是研究的重心已从古代汉语（文言文）研究移至现代汉语研究。而关于现代日本汉语语法研究的发展情况，笔者将另文讨论。

附注

1) 当中国书籍最初传入日本时，日本人最初是用汉语原来的发音"直读"的。当时所用的汉语发音，就是后世所说的"吴音"。从奈良朝末期（8 世纪末）起，才改用了"汉音"。所谓汉音，就是从 6 世纪到 9 世纪期间传到日本的，长安（唐朝首都）地方的发音。

2) 据铃木直治（1975：38）记载，选任《明经道》博士教官之事发生在宽仁年间（1017-1021）以后，且选拔仅限于清原、中原两家。

3) 汉文训读何时产生没有定说，小林（2017）从近年发现的飞鸟池遗迹出土的木简的用语来看，训读的产生大约在 7 世纪以后。因此，基本上可以认为在平安初期训读法就已经基本成立了。

4) 江户时代，三代将军家光开始施行锁国政策，其时间普遍被认为自 1639 年南蛮入侵到日美友好条约缔结（1854 年）之间。期间与中国的交流也仅限于长崎。

5) 以现代语法学的观点来看，"助字"、"虚字"、"语辞"的划分不够精细，彼此有交叠。"虚字"这一术语始见于 12 世纪的南宋时代，原本是与"实字"相对照使用的（青木正儿 1956）。

6) 此书是由其子东所修改、编辑的。宝历十三（1763）年序，安永二（1773）年改编。

7) 还有一个研究汉语的中心地，就是日本水户。因避难前往日本的朱舜水（朱之瑜，1600-1682）1665 年被水户藩主德川光国聘为宾师，迎至水户讲学。他传播儒家思想，很受日本朝野人士的推重。参看王立达编译（1959：113）、林玉山（1983：348）。

8) 大槻文彦（1847-1928）不仅是日本汉语口语语法研究的先驱，更是日语现代语法研究的奠基人，所著《广日本文典》（1897）是日语文典与西方语法理论结合的典范之作，对后世影响极为深远。

9) 关于日本国内真正意义上的汉语语法研究究竟开始于何时这一问题，学界各持己见。安藤彦太郎（收录于王立达编译 1959：15-19）、邵敬敏（2006：389，390）认为，如仓石武四郎所著的《支那语语法篇》（弘文堂，1938 年）等才算得上是日本国内真正的汉语语法研究著作。

10) 据记载，作者高第丕（1821-1902）原来是美国南浸信传道会（Southern Baptist Convention）的传教士，先于 1852 年来上海传教，后于 1863 年来山东登州继续传教。鸟井克之（1995：62）认为，由于大槻是将标准音的 ji、qi、xi 标为"キ·キ·ヒ"，因此推断该书中出现的北方音的依据是山东方言。

11) 牛岛德次（1989/1993：41）说：大槻氏把相当于"语气助词"的类，归入到了"语助言"当中，涉及尚浅，这也是不得已。不过这时他已经把"数词""量词"分类了出来，这是令人惊叹的创见。

12) 所谓"汉文典"是指"解释中国古文组织上的规律，正确阅读之，教人正确写文章之术"的教学参考书（广池 1915：3）。

13) 该书是与大槻氏的《支那文典》同年出版的，它也同样是对《文学书官话》的注释和训点。

14) 该书是依据原书《文学书官话》（1869）用通俗的语言改编的。

15) 三浦叶（1998：319-320）指出，该书"（对词语）进行词类划分，并将其整体性地组织起来，以说明词类的性质和关系。从此后续语法书才开始对词类活用进行说明。"三浦也将该书作为明治期近代古语汉文典的滥觞。

16) 李无未（2018：14-16）所举的 19 世纪末 20 世纪初出现的具有代表性的汉文典类著作有四种：高第丕、张儒珍《文学书官话》（1869）、马建忠《马氏文通》（1898）、来裕恂《汉文典》（1906）、章士钊《中等国文典》(1907)。他指出，《马氏文通》是由中国学者编著的第一部系统性语法学著作，但详细分析的话，会发现马建忠仍没有脱离"传教士"的思维模式，从本质上来说，《马氏文通》也只是一系列"传教士中国语法研究"（即文典式语法研究）中的一类。

17) 明治9（1876）年，当时的明治政府将此前作为学习对象的"南京话"改成了"北京话"。之后，在日本"北京官话"就成为了汉语的代表性称呼。参看六角恒广（1984：47）。

18) 作为汉语教学历史研究的重要资料，除此之外，还有六角恒广所编的《中国语教本类集成》（东京：不二出版）全40卷。这个系列为原作的影印本集成，里面的教科书、词典、语法书等都是明治初期以后在日本发行的原版。关于明治时代的北京官话口语课本，可参看杨杏红（2014）。

19)《支那语》于昭和15（1940）年12月5日发行了临时增刊的《支那语文法研究号》。

20) 支那语学会是昭和6（1931）年5月16日，以"提高支那语研究和教育"为目的而成立的全国性组织（东京文求堂内），发行过《支那语学报》。该学会的终局不明。

21) 随着国语文字运动和新文学运动的进展，出现了以"国语"为对象的语法研究书。根据牛岛德次（1989/1993：67）的记述，中国人所编著的第一本"国语"语法著作是1920年4月初版的吴庚鑫《国语文典》。"国语"这一名称，是与以前的"国文"相对的新用语，可以说相当于"语体文"，其内容是指在当时长江以北地域广泛使用的共同语，即现在的"北方方言"（也叫"北方官话"）。

22) 鱼返善雄（1910-1966）：东亚同文书院出身。精通语言学和欧洲语言。主张应该学习西方人的"科学方法"。他站在反对注音符号的立场上，认为从先进的语音学理论看来，注音符号是原始的、权益主义的。代表作为：《华语基础读本》（昭和16（1941）年，三省堂）等。

23) 台湾学者洪惟仁所编的《台湾文献书目解题：语言类》（国立中央图书馆台湾分馆，1996年）也附有"日治时代台湾汉语文献目录"（笔者未见）。

参考文献

龚千炎 1997.《中国语法学史（修订本）》，北京：语文出版社。

［日］広池千九郎 1915.『増訂 支那文典』，東京：早稲田大学出版部

［日］李長波 2003. 江戸時代における言語研究の系譜──日中対照言語研究、品詞分類を中心に
　　──，『Dynamis：ことばと文化』7: 104-125。

李无未 2008. 日本汉语口语法研究的先声──读1877年刊行的《支那文典》，《语言学论丛》第37辑：254-273。

——— 2014.《东亚视阈汉语史论》，厦门：厦门大学出版社。

——— 2018.《日本近现代汉语语法学史》，北京：商务印书馆。

林玉山 1983.《汉语语法学史》，长沙：湖南教育出版社。

［日］鈴木直治 1975.『中国語と漢文——訓読の原則と漢語の特性——』，東京：光生館。

［日］六角恒廣 1984.『近代日本の中国語教育』，東京：不二出版社。

［日］六角恒廣編 2001.『中国語関係書書目（増補版）1867～2000』，東京：不二出版社。

［日］鳥井克之 1995.『中国文法学説史』，大阪：関西大学出版部。

［日］牛島徳次 1989.『日本における中国語文法研究史』，東京：東方書店（中文译本：甄岳刚编译《日本中国语文法研究史》，北京：北京语言学院出版社，1993 年）。

潘允中 1982.《汉语语法史概要》，郑州：中州书画社。

［日］青木正児 1956. 虚字考，京都大学文学部中国語学中国文学研究室編『中国文学報』第 4 冊：98-107。

［日］三浦叶 1998.『明治の漢学』，東京：汲古書院。

［日］山田孝雄 1935.『漢文の訓讀によりて傳へられたる語法』，東京：宝文館出版。

邵敬敏 2010.《汉语语法学史稿（修订本）》，北京：商务印书馆。

王　力 1958.《汉语史稿》（中册），北京：科学出版社。

王立达编译 1959.《汉语研究小史》，北京：商务印书馆（原著：中国语学研究会编《中国语研究史》，中国语学事典第 3 分册，东京：江南书院，1957 年）。

王顺洪 2008.《日本人汉语学习研究》，北京大学出版社。

王雪波 2020.《日本江户时代汉语研究论考》，北京：社会科学文献出版社。

［日］小林芳規 2017.『平安時代の仏典に基づく漢文訓読史の研究Ⅱ　訓点の起源』，東京：汲古書院。

杨杏红 2014.《日本明治时期北京官话课本语法研究》，厦门：厦门大学出版社。

张美兰主编 2011.《日本明治时期汉语教科书汇刊》，桂林：广西师范大学出版社。

［日］中国語学研究会編 1958.『中国語学事典』，東京：江南書院。

韵律语法与汉语韵律象似性研究*

应学凤

（浙江外国语学院中国语言文化学院）

摘要： 当下韵律语法研究呈现两种取向：一、强调韵律规则的制约作用；二、强调韵律与语义、语用的互动。文章基于功能语言学象似性理论，介绍了汉语韵律语法研究的进展，重点分析了轻重象似、松紧象似和音节数量象似研究，尤其是对松紧象似性研究进行了详细的讨论。结合语言实例，探究了轻重象似、音节数量象似和松紧象似的相通之处和不同之处，认为三种韵律象似各有侧重点。轻重象似面临的难题是汉语里词的重音感知争议较大的问题；音节数量象似比较难解释音节数目相同，轻重有别，语义不同的情况；松紧象似可以避开汉语词重音感知的争议，可以解释音节长短组合不同，语义不同的现象，还可以阐释音节相同，轻重有别，语义不同的语言现象。

关键词： 韵律语法 松紧象似 轻重象似 多少象似

一、 韵律语法研究两种取向

汉语历来注重声韵节律的作用，但考察韵律和语法的相互制约关系是在 20 世纪 60 年代以后。部分学者还是比较敏锐地察觉到语音和语法之间的某种关联。林焘（1957）考察了现代汉语趋向补语、可能补语、程度补语和少数结果补语等，发现语音格式的不同对语法和语义有直接的影响。林焘（1962）还对现代汉语轻音和句法结构的关系进行了更全面的考察。吕叔湘（1963）关注到音节组合与句法结构存在关联：

三音节的语音段落，大多数是由一个双音节加一个单音节（2+1）或是一个单音节加一个双音节（1+2）构成的。从结构关系上看，除少数情况外，都属于偏正或动宾两类。……（偏正组合中），2+1 式（如"动物学，示意图，辩证法，可见度"）比 1+2 式（如"副作用，手风琴"）要多得多，……跟偏正组合的情形相反，三音节的动宾组合是 1+2 式（如"买东西，写文章"）多于 2+1 式（如"吓唬人，糟蹋钱"）。

吕先生非常简明地概括了现代汉语单双音节搭配与句法组合之间的关系。从此，单

---

* 本文为国家社科基金一般项目"基于语料库的汉语黏合结构韵律语法研究"（21BYY036）阶段性成果。

双音节搭配研究成为韵律语法的热点，引来众多学者的持续关注。

此后20多年，陆续有一些新发现（吴为善，1986、1989；陆丙甫，1989；张国宪，1989），但韵律语法成为热点，是在20世纪90年代以后（Duanmu，1990；Lu & Duanmu，1991、2002；冯胜利，1997、1998、2005、2016；端木三，1997、2000、2016；董秀芳，1998；王洪君，2000、2001、2008；张洪明，2014），其研究内容不再局限于单双音节搭配研究，韵律构词法、韵律句法、韵律形态、韵律与句法演变等逐渐成为研究的热点。（冯胜利，2004；张国宪，2004、2005；王丽娟，2009；崔四行，2009；裴雨来等，2010；应学凤，2013a、2019、2021c、2021d；应学凤、端木三，2020、2021）

关于韵律和语法的关系，当下有两种看法：一是强调韵律制约"大韵律观"；一是强调韵律与语法互动的语义、语用制约的"小韵律观"[1]。

1.1 强调韵律制约的"大韵律观"

非线性音系学的兴起和节律音系学发展，为韵律语法提供了研究基础，韵律音系学则成为韵律语法学的直接理论来源。这种研究思路的显著特点是：以形式语法理论为基础、以韵律音系学理论为理论来源构建韵律语法理论、阐述汉语的韵律层级、界定核心概念（如：自然音步、韵律词、句法词、核心重音），提出韵律制约语法的理论和假设（如：辅重原则、辅长原则、深重原则、音步组向假设、核心重音指派原则），强调只在韵律语法学理论框架下解释有关语言现象。如：

（1）述宾	2+2	1+1	2+1	1+2
	阅读报纸	读报	*阅读报	读报纸
	表演戏剧	演戏	*表演戏	演戏剧
	种植树木	种树	*种植树	种树木

（2）名名定中	2+2	1+1	2+1	1+2
	手表工厂	表厂	手表厂	*表工厂
	技术工人	技工	技术工	*技工人
	煤炭商店	煤店	煤炭店	*煤商店

---

[1] 节律音系学、韵律构词学、韵律音系学这三种理论有同有异（周韧，2021），本文不作严格区分。

辅重原则、辅长可以对上述例子的对立现象做出解释，即修饰语得到重音，主要表现为音节更长，因此 1+2 式的"*表工厂"不好。然而，形名定中违反辅重原则，偏好1+2 式，名名定中也有不少下位类型偏好 1+2 式（见表 2-1）。要维持相关理论的"刚性"，就要对作用对象加以限定，对例外予以排除，即要打上各种补丁。这种研究思路好处在于凸显了韵律制约语法的规则性，不好的地方是违反规则的例子多，要打的补丁也多，因而削弱了理论的解释力。

表 1　三音节述宾结构和定中结构的韵律模式类型表

类别	示例	常见程度（LCMC）
1+2 式述宾	读报纸、种树木、修马路	27.3%
2+1 式述宾	吓唬人、看重钱、糟蹋钱	2.1%
1+2 式名名定中	皮手套、纸飞机、血常规	0.8%
2+1 式名名定中	手表厂、煤炭店、技术工	16.2%
1+2 式形名定中	大房间、白老虎、新皮鞋	17.5%
2+1 式形名定中	彩色片、安全帽、安稳觉	1.8%

数据引自 Duanmu（2012），薛亚红、端木三（2018）。

1.2　强调韵律与语法互动的语义语用制约的"小韵律观"

对于韵律与语法的互动关系，不少学者认为韵律制约是一方面，同时语义、语用等因素也在起作用，甚至认为语义和语用的作用更大（周韧，2006；柯航，2007；王洪君，2008；应学凤，2013b）。

（3）碎纸机 —— *纸碎机　　纸张粉碎机 —— *粉碎纸张机

（4）？刮雨器 —— 雨刮器　　意见征求稿 —— 征求意见稿

（5）拐卖妇女罪 —— *妇女拐卖罪　　抽油烟机 —— *油烟抽机

辅重原则、音步组向假设等可以对例（3）这种现象做出解释，但面对例（4）-（5）这样的反例，须使用例外规则予以排除。

韵律与句法、语义和语用多因素互动的框架可以对单双音组配情况（见表 1）和例（3）-（5）进行统一的解释。（王洪君，2001、2008；周韧，2011；柯航，2011；应学凤，2014a、2021c、2021d）。

这种研究思路的显著特点是：承认韵律对汉语语法有制约，但制约作用没有那么大。

关于韵律的作用，不同的声音一直存在。袁毓林（2003）对冯胜利（2000）用韵律要求来解释汉语"把"字句、"被"字句、主题句等句子中宾语位置的移动等诸多问题就提出过疑问：韵律对句法的作用会有这么大吗？周韧（2012）在《韵律的作用到底有多大》一文中提出：我们不应忽视韵律在语法中的作用，但也不应夸大韵律在语法中的作用。周韧（2017）在《韵律、句法和语义，谁制约了谁？》进一步质疑了韵律的作用，提出：汉语中一些被看成是"韵律制约句法语义"的现象，更适宜看成是"语义语用规则对韵律的制约"。

沈家煊（2017a）也认为：韵律本身就是汉语的一种重要的语法形态手段，就韵律和语法而言，韵律是语法的"构成"部分。既然是韵律是语法的一部分，那也就不存在韵律与语法的互动。

从功能主义语言学视角看，以上两种研究取向又可以归纳为轻重象似、松紧象似、音节数量象似等。

二、 轻重象似与信息量象似

端木三（2016：2-3）在《音步与重音》一书中说明了节奏、音步、重音的关系。他说节奏是一种普遍现象，跟语言有关，又不限于语言。节奏（rhythm）的本质是重复，音步（foot）指轻重节奏的重复单位。端木三 （2016：47-48）用节拍来判断重音，认为：

重音即音节的可拍性。一个音节被拍的可能性越大，重音就越强。

端木三（2016：57-58）批判了关于汉语没有重音的看法，提出跟英语相比，汉语的重音规则有些不同（2016：75）：

汉语重音规则：

双音节、多音节词重音在第一个音节

句末（停顿前）的双音节词重音在第二个音节

1+2 的复合词，重音同多音节单词

双音节语法单位可以当双音节词用

语重音规则：辅助词有重音，中心词无重音

冯胜利（2002）认为韵律构词法和韵律句法学的韵律运作机制不同，控制韵律构词法的是韵律词、最小词、音步，韵律构词法的"靶心"是长度，而韵律句法学的"靶心"

是重音。冯胜利（2002）指出：韵律构词是"大小"或"长短"的问题，而韵律句法则是"核心重音"或"轻重结构"的问题。

"重音"（stress）是世界语言当中比较普遍的现象，在不同的语言中，重音的声学表现不完全相同，最常见的是重音往往伴随着音高增高，或音强增强，或音长增长，从听感上判断，带有重音的重读音节要比非重读音节凸显。

2.1 陆丙甫、端木三的辅重、辅长象似

陆丙甫、端木三（Lu & Duanmu, 1991、2002）、端木三（Duanmu, 2007）的辅重原则（NHS）和辅长原则（NHL）可以简述如下：

辅重原则：

在一个"核心—非核心"（或者非核心—核心）的句法结构中，非核心成分要重于核心成分。

辅长原则：

在一个"核心—非核心"（或者非核心—核心）的句法结构中，核心成分不能比非核心成分长。

运用辅重和辅长原则，可以很好地解释为什么定中结构偏好 2+1 韵律模式，述宾结构偏好 1+2 韵律模式。在述宾结构中，动词是核心，宾语是非核心，是辅助成分，因而重音应该落在宾语上，也就是动词音节不能比宾语长。因而动宾结果排斥 2+1 结构。在定中结构中，中心语是核心，修饰语是非核心，因而修饰语短于中心语的 1+2 结构很难成立。在可能为动宾或定中的 2+2 结构中，前面的动词是单音节还是双音节，会直接制约句法上是动宾还是偏正结构。也就是说，辅重原则和辅长原则可以很好的解释 1+2 式的述宾结构和 2+1 式的名名式定中结构。

对于 2+1 式的述宾结构，陆丙甫、端木三（Lu & Duanmu, 1991、2002）认为是由于像"书""人""鬼"这些名词没有变通的、可替换的双音节形式的缘故。端木三（1999、2000）又指出"研究鬼"这种结构中的单音节宾语刚好是在停顿前的位置，可以后加一个空拍组成一个音步。这些解释都稍显勉强，有值得商榷的地方，但由于 2+1 动宾结构在数量上不多，因而对辅重原则威胁不大。对于 1+2 式形名定中结构，他们又声明辅长原则不适用于这类结构，并对这类结构提出了另外的解释，认为这类结构的基本结构是"A 的 N"，其中"的"是整个结构的功能核心，然后又提出诸多辅助解释。对于 1+2 式名名定中结构的反例，他们认为这里的单音节名词的性质接近形容词。冯胜利（2001）

根据"纸老虎 —— *纸工厂""金项链 —— *金商店"的对立，进一步指出 1+2 名名式定中结构是一类特殊的结构，是句法运作的结果。"纸老虎 —— *纸工厂"的对立，是因为两个"纸"的性质不一样，前者是形容词性质，跟形名式定中结构一样，它是造句的形式，因而不限于自然音步。

2.2 端木三、周韧的信息量象似

信息量与重音的关联，信息量多少与多项定语先后排序的关联、与单双音节的关联等本质上是轻重音象似。端木三（2007）对辅重原则、深重原则等诸多语句重音理论逐一点评，认为这些理论都存在类似的问题。例如，为什么辅助成要重读？为什么有强调的词，重音可以高于一般的语句重音？为什么常用词往往比非常用词的重音轻？为了解答这些问题，端木三提出"信息——重音原则"（the Information-Stress Principle）：信息量大的词要比其他词读得重。

周韧（2006，2011）也同样认为"无论是深重原则还是辅重原则，它们都只是一个形式化的描写手段，并非是一种解释。"他在分析定语排序规律时受到启发，提出汉语句法结构韵律模式的"信息量原则"：

在汉语的句法组合中，信息量大的成分将得到重音，而信息量小的成分得不到重音。

周韧（2006、2011）的"信息量原则"与端木三的"信息—重音原则"有异曲同工之妙。但正如周韧（2006、2011）所指出的，端木三"信息—重音原则"是用来维护他的辅重原则的。而周韧的"信息量原则"主要是用来解释汉语句法结构韵律模式背后的动因。周韧（2006、2011）在相关研究（陆丙甫，1993、2005；马庆株，1995；袁毓林，1999 等）上，把定语语义范畴与信息量大小关联起来：

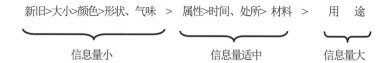

新旧>大小>颜色>形状、气味 > 属性>时间、处所> 材料 > 用 途

信息量小　　　　　　　　信息量适中　　　　　信息量大

图1　信息量决定多项定语的排序

周韧根据信息量大小解释单双音节组配规律。他提出，信息量大的成分在韵律上就要更突出，而对于汉语来说，重音的表现方式之一就是音节长度，信息量大的定语使用

双音节，信息量小的定语使用单音节。表示"新旧、大小、颜色、形状、气味"等概念的定语，由于信息量小，倾向于使用单音节，因此往往形成1+2式的格局，例如"旧毛巾、大房间、红手套、臭豆腐、圆书桌"等。

表示"用途"的定语，负载的信息量最大，所以倾向于使用双音节，形成2+1式，例如："洗衣机、签字笔、阅览室、信息亭、手表厂"。

表示"属性、时间、处所、材料"等概念的定语，由于信息量居中，可单可双，所以既有1+2式，又有2+1式：

（6）处所：

        1+2式：东墙壁 南三环 北少林 左前卫

        2+1式：东面墙 南方人 北方戏 厨房门

    时间：

        1+2式：夜生活 前总统 年利率 夏时制

        2+1式：午夜场 暑期班 黄昏恋 下午茶

    属性：

        1+2式：农产品 校领导 党代表 乡政府

        2+1式：农民工 工业品 少年犯 学生妹

    材料：

        1+2式：皮坤包 肉丸子 金项链 钢墙板

        2+1式：皮革包 猪肉丸 黄金链 钢材板

周韧（2006、2011）运用信息量原则很巧妙的解决了以往研究中一直难以解决老大难问题：同为定中结构，名名式定中结构以2+1为主，形名式定中结构却以1+2常见。他抛开词类的区分，从语义差异入手确实能对形名定中和名名定中结构的韵律模式进行合理的解释。但这个原则是否能同时解释述宾结构的韵律模式呢？柯航（2007）指出：述宾结构中，既有2+1式定中结构，也有1+2的动宾结构，如果说1+2动宾结构里，后面的名词应该得到重音的话，那么又怎么解释2+1式定中结构里，前面的动词必须得到重音？

轻重象似还表现为轻重模式与整体性强弱之间的关联，整体性强的倾向于重轻模式，整体性弱的倾向于轻重模式。

陆丙甫（2012）关注到英语中如果动、名因为重音位置而分化，那么重音在前是名词，重音在后是动词。例如：

  （7）'record（名词）—— re'cord（动词）　'import（名词）—— im'port（动词）

  'project（名词）—— pro'ject（动词）　'construct（名词）—— con'struct（动词）

  'content（名词）—— con'tent（动词）

萨丕尔（1921/1985）列举过很多类似重音位置不同，词性有别的例子。例如：

  （8）'refund（名词）—— re'fund（动词）　'extract（名词）—— ex'tract（动词）

  Langacker（1991：21）指出，做谓语的动词是"次第扫描"（sequential scanning）的结果，而名词是"综合扫描"（summary scanning）的结果。由此可见，名词在大脑意象中的整体性比动词更强。整体性强的节律结构倾向于表达整体性强的名词，整体性弱的节律结构倾向于表达整体性弱的动词。这是一种比较抽象的"声音象征"现象。（陆丙甫，2012）

  复合词的整体性显然比定名短语强，英语中复合名词跟定名短语的差别也可通过重音位置来区分（陆丙甫，2012）。例如：

  （9）'blackboard（黑板）—— black 'bord / 'black 'board

  周荐（2002）对《现代汉语词典》（1996 版）中的叠音词做了统计，发现"1+2"节奏的 ABB 叠音词，71.5%都是形容词，例如：

  （10）虎生生　黄灿灿　灰沉沉　活生生

  "1+2"节奏的名词性的只有8.65%，而"2＋1"节奏的 AAB 叠音词，69.70%都是名词，"2＋1"节奏形容词只占6.06%，分别见例（38）（39）（40）：

  （11）姑奶奶　老太太

  （12）毛毛虫　泡泡纱　面面观　悄悄话　碰碰车

  （13）飘飘然　呱呱叫

这也证明整体性较强的"2+1"节奏更适合表达整体性强的名词（陆丙甫，2012）。

三、松紧象似

  赵元任（Chao，1975）指出，汉人对音节的数目特别敏感，作诗和写散文都要"凭借音节数目来构思"。刘丹青（1996）揭示了汉语中词类和词长的相关性，指出汉语名词的典型词长是双音节，动词的典型词长是单音节，词的音节越长越松散，越长越可能是短语。他认为："名词和名词性短语的基本界限在三音节和四音节之间，四音节和四音节以上单位将继续保留很强的短语性，难以取得充分的词的资格。""动词和动词性短语的基本界限在双音节内部，三音节和三音节以上单位将继续保持短语性，难以进入词的行列。"音节数目的长短对单位的松紧有影响，也会影响词和短语的判断。

汉语与英语的节奏类型不同，英语的节奏是重轻型的，而汉语的节奏是松紧型的。汉语的两字节奏就是这样一种"松紧"节奏：一段语流总是某两字或某三字的内部结合得比较紧，两字或三字组之间结合较松，由此而形成松紧交替的回复（王洪君，2004）。吴为善（1989、2006）、王洪君（2000、2008：298）、柯航（2007）、沈家煊、柯航（2014）、周韧（2017）、应学凤（2012、2021a、2021b、2022）、应学凤、聂仁发（2022）提出了韵律语法的松紧象似原则。下面介绍集中代表性的观点。

3.1 吴为善的松紧搭配原则

吴为善（1986、1989）认为1+2和2+1的音节组合有松紧之分，结构松紧和节律松紧存在着匹配关系。节律结构层面的"松""紧"与句法结构层面的"松""紧"相匹配，而且节律层面的"松""紧"在句法层面的投射结果是对不同等级的语言单位的选择：

节律结构		句法结构		语言单位
1+2	→	述宾	→	短语
2+1	→	定中	→	复合词

吴为善（1986、1989、2006）从结构松紧和节律松紧搭配的角度解释上述语言现象。他首先证明了1+2述宾结构是典型的组合类结构，前后两部分结合松散，两个结构成分可以扩展。而2+1定名结构是典型的黏合类结构，内部结构成分之间结合比较紧密。然后，他又根据连读变调证明了2+1式韵律模式比1+2式的紧。

"松紧搭配理论"很有新意，尤其是证明了句法结构的松紧与韵律模式的松紧，并发现了两者之间有匹配关系。但他同样需要面对辅重原则和音步组向理论碰到的一样的反例。既然定中结构是紧凑的结构，那么为何又有1+2式定中结构？同样，为何述宾结构又有2+1式？而且形名定中结构还以1+2式为常见。

3.2 柯航的韵律、句法、语义松紧关联原则

柯航（2007）以不带意义的数字串995和955为例，根据上声连读变调的时995里

5 前头那个 9 变为直上调[24]ʳ，是大变化，而 955 里的 9 变为半上调[211]，是小变化，从音节组配自身证明作为 2+1 式的 "995" 紧而 1+2 式的 "955" 松³。她又根据各种结构在语法性变调中的不同表现，论证了述宾结构松于定中结构。接着，柯航提出了一个述宾和定中结构韵律、语义和句法结构的关联模式：

	松	紧
韵律	1+2	2+1
语义	述宾	定中
结构	语（成分不可黏着）	词（成分可黏着）

述宾与定中相比，定中结构是紧结构，与 2+1 式结合为无标记匹配，但是在定中结构内部，仍需再做具体区分。定中结构单双音节搭配相关的关联标记模式又可以具体化为：

	无标记组配	无标记组配
韵律	1+2	2+1
语义	松	紧
结构	语（成分不可黏着）	词（成分可黏着）

那么，韵律、结构、语义松紧关联原则如何对述宾、定中结构单双音节组配模式进行解释呢？我们先看述宾结构：

	韵律	结构	语义
租汽车	＋	＋	＋
出租车	－	＋	＋
爱钱财	＋	－	＋
购买粮	－	－	＋

"韵律"指的是音节组合模式，根据象似原则，对述宾结构而言 1+2 式为 "＋"，2+1 式为 "－"；"结构"指的是组成成分是均为自由语素还是含有黏着语素，对述宾结构来说，组成成分均为自由语素的是 "＋"，含有黏着语素的是 "－"。"语义"在此处起到定

---

2 柯航认为这里的调值为 24，周韧（2017）认为是 35，但典型都是中升，接近阳平。

3 这个实验有问题，因为 999 和 995/599 不一样，说明其中的 "99" 不是不带意义的（99 并列再加 5，就带了 "同类对异类" 的意义）。

位作用，同为"+"表示四例都是作为述宾结构来考察。

上例证明了 1+2 式的"租汽车"是最佳选择，但"出租车"虽然符合两个选项，但作为述宾结构的话，它的接受度不一定有"购买粮"高，更没有"相信鬼"接受度高。

为了解释名名定中和形名定中结构的韵律差异，柯航强调了定中结构内部又区分松紧，把组配模式改进如下：

	无标记组配	无标记组配
语义	松散的定中	紧密的定中
韵律	1+2	2+1
结构	成分不可黏着	成分可黏着

首先她认为形名定中较松散，名名定中较紧密，因而形名定中结构以 1+2 式为主，名名定中以 2+1 式为主。接着她又吸收了定语语义范畴与信息量大小之间的关系图，提出这些定语有以下的松紧关系：

新旧>大小>颜色>形状、气味>属性>时间、处所>材料>职业、用途>中心词

松　　　　　　　　　　　　　　　　　　　　　　紧

图2　定语语义范畴松紧差异

该怎么运用上述松紧搭配原则来解释定中结构既有 2+1 式，又有 1+2 式呢？下面选用"颜色、属性、用途"三类定语的定中结构来说明：

（14）	1+1	1+2	2+1	2+2	2 的 2
a.	黑发	黑头发	*黑色发	黑色头发	黑色的头发
b.	男包	男背包	男式包	男式背包	男式的背包
c.	漆工	*漆工人	油漆工	油漆工人	*油漆的工人

根据图2可知，"颜色"类（"黑"）定语与中心语之间的关系最松散，"用途"类（"漆""表"）的最为紧密，"属性"类（"男"）的居中。

从定中结构的 1+2 式来看，颜色类的 1+2 式均能成立，而用途类的 1+2 式不能成立。2+1 式的成立情况则刚好相反，用途类的 2+1 式都能成立，而定语和中心语之间关系松

散的颜色类定中组合中 2+1 式的成活度很低。

王洪君（2008：298）提出语法松紧与节律松紧的对应，体现在词、类词短语、短语三级单位上。她（2000）提出 1+式定中结构在节律和语法结构上都介于 2+1 式定中结构和 1+2 式述宾结构之间：2+1 式定中结构为韵律词，1+2 式定中结构为韵律类词、1+2 式述宾结构为韵律短语。

3.3 沈家煊的虚实象似原则

动虚名实对应于或象似于韵律上的"单虚双实"，实质上就是松紧象似。沈家煊（2012）提出，"虚实象似"的原理是指语法上的"动虚名实"对应于或象似于韵律上的"单虚双实"（即"单轻双重"）。韵律和语法之间的象似只是一种扭曲的对应关系：

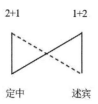

图3 韵律和语法的扭曲对应

如何运用虚实象似原理解释 1+2、2+1 与述宾、定中结构的关联呢？沈家煊（2012）用自问自答的方式进行了阐述：

为什么 2+1 式的"出租房"是定中而 1+2 式的"租房屋"是述宾？这是因为：双音的"出租"是"动弱名词"，名性强；单音的"租"是"动强名词"，动性强。

为什么"纸房子"只能是定中不能是述宾，述宾不是以 1+2 式为常态吗？为什么"房屋出租"也只能是定中不能是述宾，同样是 2+2 式的"出租房屋"不是两者皆可吗？这是因为：动词是名词的一个次类，动词都是名词，但名词不都是动词，事物名词就不是动词。

为什么名名定中 1+2（校领导、党代表、纸房子、鸭骨架）要明显多于述宾 2+1（尊重人、研究鬼）？[4]这是因为：单音动词是典型的动词，其动性确实比双音动词强得多，

---

4 根据冯胜利（邮件交流），"校领导、党代表、纸房子、鸭骨架"等的第一个单音节也可以分析成"区别词"或"准词头"。同样，"尊重人"的"人"的"人"和"害怕鬼"的"鬼"也可以采用端木三"人/鬼+零音节"的分析。

但是单音名词也是典型的名词，其名性并不比双音名词弱多少。

沈家煊（2012）认为，虚实象似原理可以涵盖信息量原则和松紧象似原则。沈家煊（2016：383-387）指出，语音上的"单双区分"也是一种"虚实区分"，单音拍虚松，双音拍紧实，提出语音的虚实松紧对应于语法和语义的虚实松紧。"虚实象似"还可以从语义扩展到语用上，语用上词义的"正式"和"非正式"的区别其实也是一种"虚实之别"。跟轻重象似、松紧象似一样，虚实象似也是一种扭曲对应[5]，是一种相对的象似性。沈家煊（2016：382-383）把虚实和松紧结合起来，提出松紧和虚实相通，语音、语法、语义、语用上的松紧虚实是象似和对应的：

语音松紧虚实：单音拍虚松，双音拍紧实

[1+2]虚松， [2+1]紧实

[X'X]虚松， [X.X]紧实

语法松紧虚实：短语虚松，复合词紧实

述宾结构虚松，定中结构紧实

动词虚松，名词紧实

语义松紧虚实：单音词内涵单调，双音词内涵丰富

语用松紧虚实：单音词随意，双音词稳重

3.4 沈家煊、柯航的松紧控制轻重

汉语与英语的节奏类型不同，英语的节奏是轻重型的，而汉语的节奏是松紧型的（王洪君，2004）。沈家煊、柯航（2014）进一步指出：汉语的节奏属于"音节计数"或"音节定时"型，是松紧控制轻重，松紧为本。"汉语节奏的伸缩性就是音节组合的松紧度变化，节律的松紧虚实以扭曲对应的方式同时反映语法、语义、语用上的松紧虚实"，"语音、语法、语义三个层面不是截然分开、互相撕裂的，三者之间的联系主要靠'松紧虚实'的投射对应关系"（沈家煊，2017a）。周韧（2017）也认同"成分之间韵律上的松紧象似它们之间语义语用上的松紧关系"。

沈家煊、柯航（2014）指出："一个词语到语流里成为一个更大单位的组成成分时，在认知上它就变成一个更紧凑的结构单位和概念单位"，他们提出两大手段：一是压缩定中结构"的"，缩减音节数目。例如：

---

5 沈家煊（2016、2019）又称作"偏侧对应"。

（15）党的建设 → 党建工作　　汉语的节奏 → 汉语节奏研究

　　　　中国对日本 → 中日之战　介绍和评论 → 评介国外语言学理论

　　二是改变语序与结构，例如把述宾结构改变为定中结构，因为后者比前者紧致。例如：

（16）粉碎纸张 → 纸张粉碎机　　培养人才 → 人才培养方案

　　　　讲习语言学 → 语言学讲习暑期班

　　沈家煊、柯航（2014）指出：一个词语到语流里 成为一个更大单位的组成成分时，在认知上它就变成一个更紧凑的结构单位和概念单位，语音形式上"前重"比"后重"或"同重"紧凑，所以有重音前移的倾向，而且是语流越流畅这种倾向越明显。这叫作"词语打包，便于传递"。他们认为，"词语打包"就是由松变紧，是这种松紧变化导致汉语本来的大致同重式出现前重后轻的倾向，而不是相反。所以，汉语节奏是松紧控制轻重。

　　沈家煊（2017b：70-71）认为，汉语确有少量的轻声字，但占比很少，"汉语的音节，等重是源是本，轻重变化是流是末，是声调决定重音，而不是重音决定声调。"沈家煊（2017b：89-93）指出：汉语节奏具有高度的伸缩性，"节奏的松紧调整和变化，就不仅仅是一般的风格变化，而是'富含内容的风格变化'"，这种伸缩性要综合考虑韵律、语法、语义、风格多种因素。沈家煊（2016：378-382）进一步提出：语义上的"松紧差别"是根本。音节组培的松紧对应于语法结构的松紧，根本是对应于语义关系的松紧，结构关系是一种较为抽象的语义关系。沈家煊先生以四组看似例外的分析说明这是语义上松紧差异导致的。通过最小对比的语义比较，沈家煊先生指出：所谓的"例外"都不是真正的例外，其实都没有违背松紧原理。

　　第一种：1+2"名+名"组合也可以构成复合词名词，而且不少，例如："鸭骨架、泥菩萨、党代表、纸老虎、布沙发、年利率、火凤凰、木疙瘩"等。通过1+2和2+1式的"名+名"组合对比，发现两者的语义松紧上有较大差别，例如："纸板房 —— 纸房子""中药罐 —— 药罐子""水果篮 —— 果篮子"等。双音节定语具有明确的事物的指称义，单音节定语具有摹状性，更像个形容词，两者在概念上，2+1式的紧，1+2式的松。

　　第二种：1+2"动+名"组合也可以构成符合词名词，数量也不少，例如："卷头发、死脑筋、活菩萨、睡美人"等。通过与相应的2+1式对比，发现两者语义松紧有别，例如："卷曲发 —— 卷头发""死亡岛 —— 死脑筋"等。单音节的动词具有摹状性，双音节动词是个定性定语，2+1 式语义紧，1+2 式语义松。

第三种：2+1 的述宾结构，例如："出租伞、批发酒、代表党"等。通过比较 2+1 的"动+名"定中和述宾结构，可以看出两者的差异。比较"出租伞"和"出租车"，"出租车"一般作定中复合名词，很少作述宾结构，"出租伞"则相反。原因是日常生活形成按处出租、自驾、公用等方式给汽车分类和定性的习惯，但是没有按照这样的方式给雨伞分类和定性的习惯，所以"出租伞"只能作述宾结构。

第四种："形+名"定中结构以 1+2 式为常态，有别于定语为名词、动词或形容词充当定语的定中结构。沈先生认为看似例外，其实还是遵循松紧原理：性质形容词本来就是以单音节为主，他们和中心词的组合本来概念上就紧，所以无需换成 2+1 这种紧的音节组配。

3.5 应学凤的松紧象似原则

此前的讨论，松紧象似多指节律松紧和结构松紧的关联。应学凤（2021a、2022）、应学凤、聂仁发（2022）提出松紧象似是节律松紧、结构松紧与语义（语用）松紧的象似。认为松紧象似原则是指语言单位结构和节律的松紧与语义特征、语用环境之间存在象似关系。松、紧的语言形式各有各的作用，根据语义和语用需要，该松松，该紧紧。语言单位的松紧有结构松紧和节律松紧之别（应学凤，2020：252），结构、节律越紧的结构指称性、称谓性越强，结构整体性越强，词义的透明度越低。相对较松的结构描写性、区别性、陈述性强，整体性弱，词义透明度高。

应学凤（2021a）详细讨论了结构松紧和节律松紧的手段，指出结构松紧手段是指利用删减、移位、换序等促使自由短语紧缩为短语词、组合结构紧缩为黏合结构，松散的黏合结构类型紧缩为紧致的黏合结构类型，句法词去句法规则化、进一步凝固为词法词的过程。节律松紧手段是指利用压缩音节数目、调整音节组合模式等使得结构更加紧致。音节数目的紧缩会使结构更为紧致。例如：

（17）招收研究生办法 —— 招生办法　发放贷款银行 —— 放贷银行

　　　接送客人专车 —— 接客专车　订阅报刊日期 —— 订报日期

单音节动词和宾语是黏着语素还是自由语素，会影响复合词的松紧度。例如（例子取自周韧，2011：116）：

（18）饮水机 —— *喝水机　售报亭 —— *卖报亭　植树节 —— *种树节

　　　洗面奶 —— *洗脸奶　吸尘器 —— *吸灰器　收银台 —— *收钱台

代金券 —— *代钱券　　提款机 —— *提钱机　　碎纸机 —— *破纸机

　　结构松紧手段和节律松紧手段可以叠加使用，叠用的结构更加紧致。使用频率与松紧之间有关联，频繁使用会导致形式被压缩、简化、弱化（Zipf 定律）。语序选择越少使用频率越高，越紧致。语序自由，导致松散。语序不自由，单一的那种使用频率高，从而使得形式紧致。

四、音节数量象似

　　周韧（2017）总结了汉语韵律语法研究中的轻重象似、松紧象似存在的问题，提出音节数目多少的象似。

　　周韧认为汉语没有词重音，不管是通过听觉判断，还是实验仪器判断，都没有明确的词重音。张洪明（2014）就明确指出："汉语作为声调语言，在词层面没有结构性的范畴化、系统化的轻重音。"在语法学界，沈家煊（2017a）也赞同这个观点。

　　周韧（2018）指出，六十年来，寻找汉语词重音的努力应该可以告一段落了。在汉语不含轻声的双音节或多音节词中，应该没有语言学意义上的前重和后重之分，将它们看成"等重"是更为合理的选择。他认为，在词重音本身就不明确的汉语中构建重音系统，并用这个系统来推导汉语韵律语法问题，这是有风险的。

　　周韧（2017）认同 1+2 的动宾结构内部联系松散，也承认 2+1 的定中结构内部联系紧密。但他反对把节律上的松紧和结构上的松紧关联起来，他认为节律上的松紧程度是由于其内部句法语义关系的松紧程度造成的，1+2 动宾结构是短语，所以松散；2+1 定中结构是词，所以紧密；而 1+2 的定中结构介于短语和词之间，所以处于松散和紧密之间。但重要的是，语法结构内部成分之间的松紧关系并不能决定成分本身单双音节的选择。关于数字 955 和 995 连读变调的不同，周韧（2017）指出，955 和 995 本身是并不具备句法结构的数字串，但根据认知上的相似原则，说话人可能会将 955 识解为 1+2 式，而将 995 识解为 2+1 式。识解方式的不同，就会造成变调的不同。例如：

（19）a. 9　5　5　　　　　b. 9　9　5

　　　　3　3　3　　　　　　3　3　3　　本调[6]

　　　　3　2　3　　　　　　2　2　3　　变调结果[7]

---

[6] 数字 2 和 3 分别代表第二声阳平和第三声上声。

但周韧并不反对松紧象似原则，他认为松紧象似是节律上的松紧与语义语用松紧的象似。

周韧（2006、2011）把多项定语根据信息量多少分为三类（见2.3.2图2-3介绍）：

Ⅰ类定语形成的定中结构：新旧>大小>颜色>形状、气味，一般允准1+2式，但一般排斥2+1式；

Ⅱ类定语形成的定中结构：属性>时间、处所>材料，可以允准1+2式，也可以允准2+1式；

Ⅲ类定语形成的定中结构：用途，一般允准2+1式，但一般排斥1+2式。

周韧（2006、2011）通过把音节多少和重关联起来，认为：信息量大的成分将得到重音，而信息量小的成分得不到重音。周韧（2017、2022）认识到"汉语重音不明确"，"汉语不能区分词重音和短语重音"，汉语的"句法韵律枢纽"是字，不是词（王洪君，2008：315-332），认为"汉语是一种音节计数的语言"。周韧（2017）认为解决汉语句法结构的韵律模式谜题的关键是要注重结构成分之间音节数目多少的对立关系，进而提出一种基于音节数目对立的"多少象似"原则，这种象似性原则是以数量象似性作为出发点的。他把"多少象似"原则可以表述为：

信息量相对大的成分在音节数目上相对多；

信息量相对小的成分在音节数目上相对少。

接着他（2017、2022：275）提出了音节与信息量的关联模式：

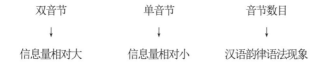

图4　音节与信息量关联模式

周韧（2017、2019）从单音节和双音节的对立延展开来，注意到四音节成分和双音节在句法语义上的对立，进一步阐释了"多少象似"的解释力。

周韧（2022：274）认为在汉语中，重音概念不具备摆脱音节数目的独立性，比如

---

7 严格说来，在非停顿前的上声的调值，如果不变调为35的阳平，也需要从214的全上变为21的半上。

"单音不成步"和"单轻双重"这些规则,都是在音节数目基础上建立起来的。周韧提出,注重理论的简约性,更倾向于将音节数目而不是重音看成汉语韵律语法运作的立足点。

音节数目多少象似,放弃了音节数目与轻重、松紧的对应,确实是更加简约了。不过,因此也导致有些韵律语法现象无法根据多少象似原则解释。下面我们来具体分析三者的异同。

五、轻重、松紧、音节数量象似的关联

轻重象似原则、松紧象似原则和音节数目多少象似原则理论出发点不尽相同,但相互之间存在着关联。下面以具体例子来讨论轻重、松紧、与多少象似的关联和差异。

5.1 重轻模式与述宾和定中的扭曲对应

赵元任早就提出,"不要期望韵律特征和结构之间会有一种十分简单的对应关系"(Chao 1959)。他(1979:11)还认为:"在语言现象中寻找系统性和对称性,在方法学上是可取的,只要不走得太远"。他把这种整齐又不整齐的对应关系称作"扭曲关系",并用下面的例子来说明这种扭曲关系(赵元任 1979:12)。

"吃′饭""看′报"等述宾结构,第二个音节重读,"煎.饼""劈.柴"等定中结构,第二个音节轻读,似乎韵律和结构之间是一种一对一的的关系,可是进一步考察就会发现,虽然真正的述宾结构的重音总是在宾语上,可是重音在第二个音节的不一定都是动宾关系。例如"烙′饼""炒′饭"在语法上都是两可的,既可以是述宾结构,也可以是定中结构。而如果第二个音节轻读的,如"烙.饼""炒.饭",则一定是定中关系。

沈家煊(1999:317)以"烧纸"为例,进一步分析了轻重音和结构关系之间的扭曲关系:

	动宾关系	定中关系
烧′纸	+	+
烧.纸	—	+

沈先生用下图更形象地展示了轻重音和结构之间的这种扭曲关系:

图 5　重读、轻声与结构的扭曲对应

赵元任、沈家煊先生指出，"动词+宾语"结构第二音节重读的话，有可能是述宾黏合结构，也有可能是定中黏合结构，第二音节轻读的话，只能是定中黏合结构。我们认为，这种扭曲与中重模式和重轻模式的扭曲对应有很大关系。

"烧′纸"是第二音节重读，它有两种意义，"烧.纸"是第二音节轻读，只有一种意义。第二音节重读是"中重模式""后重模式"，第二音节轻读的是"重轻模式""前重模式"。因而上面的这种扭曲关系可以抽象表示如下：

图 6　轻重模式与结构的扭曲关联

5.2　轻重、松紧与词、语的扭曲对应

相对中重结构而言，"重一轻"结构语义整合度相对较高。朱德熙（1982：33-34）提出了几种区别复合词和句法结构的方法，其中之一是"后一个音节是轻读的格式是复合词"。凡是前重的是复合词，"中重"的是句法结构，下面转录朱先生的几个例子：

（20）买·卖 —— 买卖（买和卖）　东·西 —— 东西（东边和西边）

火·烧（一种烧饼）—— 火烧（用火烧）　打·手 —— 打手

赵元任（1979：82）也曾谈到了中重结构和重轻结构与词和短语的扭曲对应关系。他提出了以下三点：多音节形式之中一般认为是词的，大多是双音节。它们或者是前轻

（非轻声）后重，或者是前轻后重（轻声）。他这里所说的"前轻后重"就是我们说的中重模式，"前重后轻"就是重轻模式。例如：

（21）中重模式　　　　　　　重轻模式

    天下　起初　　　　　　知. 道　　本. 事

    同事　拒绝　　　　　　待. 会儿　琢. 磨

    袖口　代笔　　　　　　乡. 下　　明. 白

同样是中重模式，四声分别与上面六个例子相同，然而下面的显然是短语或句子，例如：

（22）先嫁　你输　红痣　去学　就走　带笔

第三，前重后轻式（重轻模式），大多数例子是词。

结合赵元任的这三点，我们发现中重模式对应着词和短语，而重轻模式一般只跟词对应，那么韵律与结构、语义的关系图可以进一步细化如下：

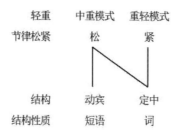

图7　轻重、松紧与词、语的扭曲对应

    上述情况，可以根据轻重象似原则解释，也可以根据松紧象似原则阐释，但无法根据音节数目多少象似原则分析。沈家煊（2016：377-378）认为轻重格和重轻格语音上给人的整体感不同，重轻格的整体感强，具有对外的排他性和对内的凝聚性，轻重格的整体性弱。重轻和轻重的区别可以纳入紧和松的区别，而且这种语音上的松紧同样对应概念上的松紧。投射到语法上就是，紧的重轻格构词而松的轻重格造语。陆丙甫（2012）也指出过，动补结构"跑得快、看得清"，重音在前面动词上的重轻格是表示可能的动补复合词，重音在后面补语上的轻重格是表示结果的动补短语。黄彩玉（2012）通过实验发现，定中、述宾两可的结构，如"进口彩电""组装电脑"等，作为定中结构的话，前面的"进口""组装"在时长、最高基频、调域上都更长、更高、更大，作为述宾结

40

构的话，后面的"彩电""电脑"在时长、最高基频、调域上更长、更高、更大。

5.3 音节组合 1+2 和 2+1 是非镜像关系

音节组合 1+2 和 2+1 不是镜像关系，这是因为双音节前的单音节和双音节后的单音节与双音节的关系不是完全对立的。关于 2+1 中的单音节具有粘附性，吴为善（1989）曾详细论证过。因而认为 2+1 具有整体性、结合得更紧密是没有问题的。但 1+2 中的单音节虽然具有一定的独立性，这是相对于 2+1 的单音节来说的，但不能认为 1+2 的单双音节结合很松。松紧是比较而言的，如果 1+2 跟 2+2、2+3、3+3 等比较，谁结合的更松呢？1+2 的单音节很多是前缀，前缀和核心之间是否一定很松呢？

正是因为 1+2 和 2+1 的松紧是比较而言的，我们以 2+1 为基准，认为这类音节组合具有整体性，是"紧"的组合，那么我只能认为 1+2 的整体性相对不强。

从 1+2 和 2+1 的轻读也可以看出两者不是完全对立的，2+1 的单音节绝大多数都可以轻读或需要轻读，而 1+2 的单音节绝大多数不能轻读，这看似形成对立，其实不然，跟轻读相对的是重读，不是非轻读。因而两者不是镜像关系，两者之间有一定的对立关系，但不是完全对立，是一种扭曲的对应（应学凤，2014a、2015b、2020）。

如果我们把 2+1 看作"左重模式"，1+2 看作"右重模式"的话，两者是对立的，但 2+1 的单音节多轻读，因而它又可以看作"重轻模式"，由于 1+2 的单音节一般不能轻读，因而它不能看作是"轻重模式"，而应该看作是"中重模式"，"重轻模式"和"中重模式"又不构成完全的对立。三者的关系可以进一步描述如下：

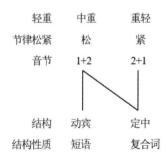

图 8　轻重、松紧、音节与结构的扭曲关联

5.4 轻重象似、音节多少象似和松紧象似的异同

从图6可以看出，虽然理论的出发点不同，但对事实的解释来看，轻重象似、音节多少象似和松紧象似相互关联。下面以例（50）为分析对象，展示三种象似的相关性：

（23）　2+2 动宾/定中　　1+1　　　　1+2 动宾　　　2+1 定中

　　　　复印文件　　　复件/*印件　　印文件　　　　复印件

　　　　测量仪器　　　*测器/*量器　测仪器　　　　测量仪

　　　　筹备经费　　　*筹费/*备费　筹经费　　　　筹备费

　　　　运输箱子　　　*运箱/*输箱　运箱子　　　　运输箱

　　　　出租汽车　　　租车/*出车　　租汽车　　　　出租车

1+2 式的动宾是右重结构，2+1 式定中是左重结构，前者是节奏上是松结构，后者是紧结构，这样看来，三者对事实的解释是一致的，采用哪种都没有问题。对于例（21）（22）这样音节数目相同的情况，音节多少象似无法解释两者的不同，但轻重象似、松紧象似可以解释两者的差异。对于 1+2 式的"租汽车"和 1+2 式的名名定中结构"校领导"，同样的音节数目，音节数目多少象似解释起来有点麻烦，对于 2+2 式的"学校领导"和 1+2 式的"校领导"，其中"学校"和"校"在信息量上有多大的差异也有争议。如果因为前后两个音节相同，轻重不同，语义不同的情况，音节多少象似解释起来也比较困难。同样是轻重模式，轻重象似原则也很难解释下列 1+2 式名名定中结构。例如：

（24）皮手套　棉大衣　电风扇　木地板　校领导　党代表　农产品

端木三（Duanmu, 2012）基于兰卡斯特语料库统计，发现 1+2 式名名定中结构占比 1.1%，数量不多，且单音节名词多为所有格和材料等，但没有提供合理的解释。这类结构能产性强，口语中使用频率高。

如果从节律松紧和结构松紧的互动分析，上述两种结构语义的不同则可以得到合理的解释。从结构上看，名名定中结构是紧结构，动宾结构是松结构，从节律上看，1+2 式都是松节奏，1+2 式的动宾结构是结构松加上节律松，所以是松的结构，1+2 式的名名定中结构是结构紧加节律松，是松紧适中的结构。所以，王洪君（2000、2008：298）认为 1+2 式定中在节律上和语法结构上介乎 2+1 式定中和 1+2 式述宾之间：2+1 式定中是韵律词、1+2 式定中为韵律类词、1+2 式述宾为韵律短语。根据松紧象似原则，可以把两者的差异图示如下：

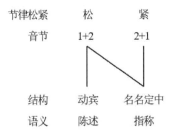

图9　1+2 式述宾和名名定中的松紧象似

　　沈家煊（2019：270-278）介绍了单音节字词的语音象征后，重点讨论了音节组合的"音义象对"关系。他提出音义象对是指音的组合对和义的组合对之间的象征关系，认为复现、双声、押韵、节奏等又可论证的象征意义，实现音和义之间的象似关系。这种象似关系包括数量律（多少象征）、顺序律（先后象征）、疏密律（松紧象似）。沈家煊（2016：374-378、2019：272-275）重点分析了松紧象征，并讨论松紧象似、音节多少象似和轻重象似的关联。他认为疏密关系就是松紧关系，疏则松，密则紧，疏密关系也是一种虚实关系，疏松则虚，紧实则实。沈家煊（沈家煊，2019：275）提出字组在语音上的疏密虚实必然反映意义上的疏密虚实。首先，语音组合的虚实反映在单双音节组配上：1+2 式虚松，2+1 式紧实。他（2016：277）认为重轻和轻重的区别可以纳入紧和松的区别。由此可见，虽然三者侧重点不同，但三者之间的关联也很紧密，相对来说，松紧象似解释的范围更广。

　　陆丙甫、应学凤（2013）详细讨论动词短语和名词短语内部松紧与形态多少的关联，认为越紧的结构形式，越不需要的形态标志，越松的结构形式，越需要形态标志。

结语

　　韵律象似主要有轻重象似、松紧象似和音节多少象似等。轻重象似主要表现为信息量多少与重音的关系；音节多少象似主要是信息量多少与音节多少的关联。松紧象似有两类：一是节律松紧与结构松紧的关联，二是节律松紧、结构松紧与语义、语用的关联。三种韵律象似着眼点不同、理论背景不同，总的来说，轻重象似是基于形式语言学理论背景的观点[8]，音节多少象似和松紧象似是基于功能语言学理论背景提出的。三种理论在语言事实的解释方面各有长短，对于轻重不同，音节又相同的语言现象，轻重象似原则有较强的解释力。对于音节数目不同，结构不同的语言现象，需要结合"单轻双重"规则，把音节长短跟重轻联系起来。轻重象似的好处是可以跨语言对比，世界语言普遍存在轻重音的音步。汉语是音节显赫的语言，单双音节对比、二音节和四音节对比的语言现象很多，音节数目多少象似原则对音节数目不同，结构不同的语言现象具有较强的解释力。基于节律松紧和结构松紧互动的松紧象似原则解释音节相同，轻重不同的现象，还可以解释音节不同语言现象，更重要的是不需要重音作为中介把不同的音节组合模式（如1+2、2+1）转换为轻重、重轻模式来解释语法现象，可以尽量避免使用重音概念[9]。

参考文献

崔四行 2009. 三音节结构中副词、形容词、名词作状语研究，博士学位论文，北京语言大学。

董秀芳 1998. 述补带宾句式中的韵律制约，《语言研究》第1期。

吕叔湘 1963. 现代汉语单双音节问题初探，《中国语文》第1期。又载《吕叔湘文集（第二卷）》，商务印书馆，1990年。

林　焘 1957. 现代汉语补足语里的轻音现象所反映出来的语法和语义问题，《北京大学学报》第2期。

林　焘 1962. 现代汉语轻音和句法结构的关系，《中国语文》第7期。

端木三 1997. 从汉语的重音谈语言的共性与特性，《中国语言学论丛》第1辑。

端木三 1999. 重音理论和汉语的词长选择，《中国语文》第4期。

端木三 2000. 汉语的节奏，《当代语言学》第4期。

端木三 2007. 重音、信息和语言的分类，《语言科学》第5期。

端木三 2016. 《音步和重音》，北京语言大学出版社。

冯胜利 1997. 《汉语的韵律、词法和句法》，北京大学出版社。

冯胜利 1998. 论汉语的"自然音步"，《中国语文》第1期。

冯胜利 2000. 《汉语韵律句法学》，上海教育出版社。

冯胜利 2002. 韵律构词与韵律句法之间的交互作用，《中国语文》第6期。

冯胜利 2004. 动宾倒置与韵律构词法，《语言科学》第3期。

冯胜利 2005. 《汉语韵律语法研究》，北京大学出版社。

---

[8] 轻重象似的说法是功能主义学者提出的。

[9] 汉语里到底有没有词重音和短语重音，有很大争议，详见周韧（2018、2022）的讨论。

冯胜利 2016.《汉语韵律语法问答》，北京语言大学出版社。

柯　航 2007. 现代汉语单双音节搭配研究，博士学位论文，中国社会科学院。

柯　航 2011. 汉语单音节定语移位的语义制约，《中国语文》第5期。

马庆株 1995. 多重定名结构中形容词的类别和次序，《中国语文》第5期。

刘丹青 1996. 词类和词长的相关性——汉语语法的"语音平面"丛论之二，《南京师大学报》（社会
　　科学版）第2期。

陆丙甫 1989. 结构、节奏、松紧、轻重在汉语中的相互作用，《汉语学习》第3期。

陆丙甫 1993.《核心推导语法》，上海教育出版社。

陆丙甫 2005. 语序优势的认知解释——论可别度对语序的普遍影响（上），《当代语言学》第1期。

陆丙甫 2012. 汉、英主要"事件名词"语义特征，《当代语言学》第1期。

陆丙甫、应学凤 2013. 节律和形态里的前后不对称，《中国语文》第5期。

裴雨来、邱金萍、吴云芳 2010. "纸张粉碎机"的层次结构，《当代语言学》第4期。

萨丕尔 1921/1985.《语言论》，陆卓元译，陆志韦校订，商务印书馆。

沈家煊 1999.《不对称和标记论》，江西教育出版社。

沈家煊 2012. 论"虚实象似"原理——韵律和语法之间的扭曲对应, Chinese as a Second Language and
　　Research，1(1)：89‑103.

沈家煊 2017. 汉语"大语法"包含韵律，《世界汉语教学》第1期。

沈家煊、柯航 2014. 汉语的节奏是松紧控制轻重，《语言学论丛》第50辑。

王丽娟 2009. 从名词、动词看现代汉语普通话双音节的形态功能，博士学位论文，北京语言大学。

王洪君 2000. 汉语的韵律词与韵律短语，《中国语文》第6期。

王洪君 2001. 音节单双、音域展敛（重音）与语法结构类型和成分次序，《当代语言学》第4期。

王洪君 2004. 试论汉语的节奏类型——松紧型，《语言科学》第3期。

王洪君 2008.《汉语非线性音系学》（增订版），北京大学出版社。

吴为善 1986. 现代汉语三音节组合规律初探，《汉语学习》第5期。

吴为善 1989. 论汉语后置单音节的粘附性，《汉语学习》第1期。

吴为善 2006.《汉语韵律句法探索》，学林出版社。

薛亚红、端木三 2018. 形名组合的出现率：词长搭配和"的"字隐现，《语言科学》第5期。

袁毓林 1999. 定语顺序的认知解释及其理论蕴涵，《中国社会科学》第2期。

袁毓林 2003. 走向多层面互动的汉语研究，《语言科学》第6期。

应学凤 2012. 现代汉语拟声词的后重格局，《汉语学报》第3期。

应学凤 2013. 韵律语法理论与汉语韵律语法研究述评,《汉语学习》第 1 期。

应学凤 2014a. 述宾黏合结构和定中黏合结构的单双音组配问题, Chinese as a Second Language and Research, 3(2): 285‒308.

应学凤 2014b. 现代汉语定中黏合结构研究综论,《励耘语言学刊》第 2 辑。

应学凤 2015a. 动宾倒置复合词研究述评,《汉语学习》第 2 期。

应学凤 2015b. 述宾、定中结构的单双音节组配研究述评,《华文教学与研究》第 2 期。

应学凤 2019. 韵律与语义互动视角下的动宾倒置复合词的层次结构,《汉语学习》第 4 期。

应学凤 2020. 《现代汉语黏合结构研究》,中国社会科学出版社。

应学凤 2021a. 松紧象似原则与动宾饰名复合词,《世界汉语教学》第 1 期。人大复印报刊资料《语言文字学》2021 年第 4 期。

应学凤 2021b. 述宾黏合结构和述宾倒序结构的语义差异——兼谈指称、轻重、松紧在汉语的相互作用,《语言研究集刊》第 1 辑。

应学凤 2021c. 韵律与句法、语义互动视角下述宾黏合结构直接作定语问题,《励耘语言学刊》第 1 辑。

应学凤 2021d. 述宾倒序结构直接作定语的句法、语义和语用功能阐释,《对外汉语研究》第 2 辑。

应学凤 2022. 再论定中黏合结构单音节定语的位置问题,《中国语言学报》第 20 辑,商务印书馆。

应学凤、聂仁发 2022. 松紧象似原则与命名性定中黏合结构单音节定语位置问题,《语言研究》第 2 期。

应学凤、端木三 2020. 组合式形名结构词长搭配量化研究,《汉语学习》第 4 期。

应学凤、端木三 2021. 组合式形名结构词长搭配和"的"的隐现,《语言研究》第 1 期。

张国宪 1989. "动+名"结构中单双音节动作动词功能差异初探,《中国语文》第 3 期。

张国宪 2004. 形动构造奇偶组配的语义·句法理据,《世界汉语教学》第 4 期。

张国宪 2005. 形名组合的韵律组配图式及其韵律的语言地位,《当代语言学》第 1 期。

张洪明 2014. 韵律音系学与汉语韵律研究中的若干问题,《当代语言学》第 3 期。

赵元任 1979. 《汉语口语语法》,吕叔湘节译,商务印书馆。

周 韧 2006. 现代汉语韵律与语法的互动关系研究,博士学位论文,北京大学。

周 韧 2011. 《现代汉语韵律与语法的互动关系研究》,商务印书馆。

周 韧 2012. 韵律的作用到底有多大,《世界汉语教学》第 4 期。

周 韧 2018. 争议与思考:60 年来汉语词重音研究述评,《语言教学与研究》第 6 期。

周 韧 2019. 汉语韵律语法研究中的双音节和四音节,《世界汉语教学》第 3 期。

周 韧 2021. 从节律到韵律：三种生成音系学理论评介，《语言学论丛》第 55 辑。

周 韧 2022. 《汉语韵律语法研究的音节——语义视野》，商务印书馆，2022 年。

朱德熙 1982. 《语法讲义》，商务印书馆。

Chao Yuen-Ren（赵元任） 1959. Ambiguity in Chinese, In Søren Egerod & Else Glahn（ed.）, Studia Serica Bernhard Karlgen Dedicata, Copenhagen:Ejnar Munksgaard.袁毓林译，载《中国现代语言学的开拓和发展：赵元任语言学论文选》，清华大学出版社，1992 年。

Chao Yuen-Ren（赵元任） 1975. Rhythm and structure in Chinese word conceptions,《台湾大学考古人类学刊》, 37/38：1-15.中译文收录于赵元任：《赵元任语言学论文集》，商务印书馆，2006 年。

Duanmu, San（端木三） 1990.A formal study of syllable，tone，stress and domain in Chinese language, Phd dissertation,Massachusetts Institute of Technology.

Duanmu San（端木三） 1997.Phonologically motivated word order movement: Evidence from Chinese compounds，Studiesin the Linguistic Sciences ,27（1）：49-77.

Duanmu San（端木三） 2007. Phonology of Standard Chinese, Oxford:Oxford University Press.

Duanmu San（端木三）2012.Word-length Preferences in Chinese: A Corpus Study", Journal of East Asian Linguistics,21(1)：89-114.

Langacker,R.W., 1991.Foundations of Cognitive Grammar Vol.II: Descriptive Application, Stanford: Stanford University Press.

Lu, Bingfu & Duanmu San（陆丙甫、端木三） 1991.A case study of the relaition between rhythm and syntax in Chinese, Paper presented at the Third North America Conference on Chinese Linguistics.

Lu, Bingfu & Duanmu San（陆丙甫、端木三） 2002.Rhythm and Syntax in Chinese:A Case Study", Journal of Chinese Language Teachers Association,37(2)：123-134.

从声学角度看汉语否定疑问句的类型*

——以语调疑问句为考察对象

孙爽

（冈山大学大学院）

摘要： 目前汉语学界对于否定疑问句类型的研究主要集中在语法、语义层面，虽然得出了很多引人深思的结论，但是像"不来喝点儿吗？""不觉得有点儿咸吗？"这样的句子到底处于否定疑问体系中的什么位置，还存在着多种看法。本文从音高（特别是调域）的角度对"确认""回声问""建议""提醒""请求""同意要求"等 6 个否定疑问句的声学表现及其之间的关联进行了探讨，基于调域变化，分析了各句的焦点类型，并以此为依据对汉语否定疑问句做出了如下分类："确认"是自然焦点句，其语调是否定疑问句语调的基本模式。"建议""提醒""请求""同意要求"为强调焦点句，其中"建议""提醒"用法中动词是全句的焦点所在，"请求""同意要求"中动词后面的内容是焦点。"回声问"是情感焦点句，以表达说话人吃惊的感情为主要发话目的。

关键词： 汉语否定疑问句类型 语调 音高 焦点

一、引言

　　相对于肯定疑问句，否定疑问句在形式和用法方面是一类有标的疑问形式，它的这种特殊性也使其成为语言学领域讨论的热点。如：刘月华（1988）、徐盛桓（1999）、郭锐（2000）等研究指出，否定型是非问的使用要依赖于上文或语境，而且问话人对答语有一定的倾向性。但是对于（1）（2）这样的否定疑问句，汉语学界并未形成统一的见解。如：井上優·黄麗華（2007）指出，（1）（2）都具有"诱导出 p 的可能性"这一情态用法，即（1）是对"来喝点儿"，（2）是对"这个汤有点儿咸"这一可能性的诱导。但是楊凱栄（2018）却认为（1）（2）使用在不同的语境中，（1）是在以否定命题（"不来喝点儿"）为预设的前提下，询问听话人对这一预设的答复；而（2）这样以"觉得""认为"为谓语的否定疑问句则是以肯定命题（"说话人觉得汤有点儿咸"）为预设的发问。

---

* 本文是基于 2022 年度汉语语法研究会的发言稿修改而成的，在写作过程中，得到了栗林裕老师、张黎老师、任鹰老师的批评指正，此外，本文的数据处理在東京大学博士课程辺遍同学的指导下完成，谨此致谢。

（1）［对方是个喜欢喝酒的人］

　　我家有瓶好酒，<u>你不来喝点儿吗？</u>（井上優·黃麗華2007：52）

（2）［你和对方在喝同样的汤］

　　这个汤，<u>你不觉得有点儿咸吗？</u>（井上優·黃麗華2007：52）

　　那么，上述（1）（2）这样的句子到底处于否定疑问体系中的什么位置，我们认为仅从句法、语义角度展开探讨的话，仍然存在一些解不开的疑问。为了明确这个问题，我们需要寻找新的突破口。因为疑问句多出现在对话的语体中，所以我们认为从声学角度展开分析是很有必要的。同时语言中的一切内容（结构、语义、功能、语用、情感）都是通过语音表现出来的（石锋2017、2019），因此，我们认为通过比较多种否定疑问句的声学表现来探究汉语否定疑问句的类型这一研究方法具有相当的可行性。

二、前人研究

　　涉及否定疑问句语音层面的研究，只有宿捷·宿敏（2006）、张斌·张谊生（2012）等少数学者，而且只是停留在片段性记述的层面。如：宿捷·宿敏（2006：29）指出，强调否定意义时，"不"要读本音或变调音，强调其他部分，则"不"可读轻声……所有表非否定意义的"不"都必须读轻声，而且很短促。张斌·张谊生（2012：93）指出，"不"作为否定词出现在句中，是负载逻辑重音的，语音形式为［pu^{51}］，如（3）；而在（4）中，"不"语音形式已经弱化，不能负载重音，逻辑重音落在"不"后的"冷"上。

（3）A: 你怎么穿这么少？

　　B: <u>今天不冷嘛!</u>（张斌·张谊生2012：93）

（4）A: 你穿太多了吧!

　　B: <u>今天不冷嘛!</u>（张斌·张谊生2012：93）

　　而在（4）中，"不"语音形式已经弱化，不能负载重音，逻辑重音落在"不"后的"冷"上。　如上所述，目前关于汉语否定疑问句声学表现的研究较少，研究方法也多局限于一种主观的感知描述。由于发话意图不同所形成的韵律的差异，否定疑问句整体的韵律表现等课题仍等待我们去解决。本文在石锋（2017）韵律格局实验方法的基础上，引入主成分分析的统计手法，主要通过对音高（特别是调域）的整理，考察多个否定疑问句的声学表现及其之间的关联，为否定疑问句类型的争议提供语音数据支撑。

三、实验概要

3.1 实验语料

汉语中有"不"和"没"两个否定辞，本文以使用"不"的否定疑问句为考察对象，关于"没"否定疑问句的考察，将作为我们今后的研究课题。在形式上，汉语的一般疑问句根据疑问终助词"吗"的有无可以分为"吗"疑问句和语调疑问句两种，因为两者在语调上存在差异（陈文芷 1989、杨立明 1995、江海燕 2005、2010、阎锦婷·王萍·石锋 2014、胡灏 2017、孙爽 2022），所以为了统一实验参数，本文以其中的语调疑问句为考察对象。此外，为了系统地把握否定疑问句的体系，我们参考前人的研究成果，尽可能详尽地收集了其用法，除了文章开头提及的（1）（2）这样，表示"建议""同意要求"的用法以外，"确认""回声问""提醒""请求"等用法也列入我们的考察范围。上述各种用法的定义如下表1：

表 1 否定疑问句的用法

用法	定义
I. 确认	把自己的推测向对方进行确认，可以用于会话的始发句。
II. 回声问	发问人重复对方话语的全部或部分内容来作为自己的发问内容，不可以用于会话的始发句。
III.提醒	说话人提醒听话人注意会话现场的事实或唤起听话人的过去经历。
IV. 建议	向对方提示一种可能性，以达到建议的目的。
V.请求	说话人为了自己的利益而要求听话人做某事。
VI. 同意要求	说话人希望听话人赞同自己的意见或主张。

本文以"不+阳平"和"不+去声"为语料设计实验句，理由有二：①"同意要求"用法多使用"觉得""认为"这两个动词；"请求"用法中最常见的是"能"和"会"。为了配合这两种用法中的声调组合，我们把其他4种用法中的动词声调也限定为"阳平"和"去声"。②汉语中存在"连读变调（tone sandhi）"的现象，如：否定辞"不"本来读作去声 [pu51]，但当其后面接再去声的音节时，则变为阳平调 [pu35]，如"不去（[pu35 tɕʰy51]）"。

考虑到上述问题，本调查以下表 2（"有效数据"一栏将在 2.2 中做出说明）中的划线部分为语料展开声学实验，此外，为了得到更自然的发音资料，我们把各考察句编入日常对话向被试进行展示。

表 2 实验句

用法	实验句	有效数据
Ⅰ.确认	(I-1) [小王和你约好，今天要来你家玩儿，可是你等了一天她也没来，你觉得她可能不来了，于是打电话向小王确认。] 你: 你不是说今天要来我家玩儿嘛，怎么还没到? **不来了?**	15
	(I-2) [小王和你约好，7 点去散步，快到 7 点了她还在看电视，你觉得她可能不去散步了，于是向她进行确认。] 你: 你怎么还在看电视? 不是说 7 点要去散步嘛，**不去了?**	16
Ⅱ.回声问	(II-1) [你和小王在公司聊天] 王: 明天我就不来公司了。 你: **不来了?** 明天又不放假。	15
	(II-2) [小王和你约好一起去看电影，快到出发时间了，你看见小王还在打电话，就开始催促她。] 你: 快点儿! 再磨蹭赶不上了! 王: 我不去了。 你: **不去了?** 你不是说特别想看这个电影嘛。	12
Ⅲ. 提醒	(III-1) [你、小王、小张约好一起去聚会。] 王: 小张说她今天晚点到，让咱们先进去。 你: **不来了?** 你看，就坐在那边。	12
	(III-2) [你和小王在讨论今年的旅游计划。] 王: 今年咱们去云南吧。 你: **不去了?** 就大学毕业那年。	11
Ⅳ.建议	(IV-1) [你作为店员，向客人推荐店里的啤酒。] 你: 我们店的啤酒不错，**不来瓶?**	16
	(IV-2) [你推荐小王去北海道看看。] 你: 这就回去啦? 北海道也不错，**不去趟?**	16
Ⅴ.请求	(V-1) [你和小王一起去爬山，她走在前面，落下你一段距离，你想让小王等等你。] 你: 你慢点儿走! **不能等等我会儿?**	16
	(V-2) [你和小王一起去爬山，她走在前面，落下你一段距离，你想让小王等等你。] 你: 你慢点儿走! **不会等等我会儿?**	14
Ⅵ.同意要求	(VI-1) [你和小王在讨论昨天的考题。] 你: 昨天的考试，我都没答完。 王: 我也是，有很多不会的。 你: 跟上次的比，**不觉得变难了?**	15
	(VI-2) [你和小王在讨论昨天的考题。] 你: 昨天的考试，我都没答完。 王: 我也是，有很多不会的。 你: 跟上次的比，**不认为变难了?**	16

3.2 实验被试

本实验的发音人为 8 位女性，年龄在 20 岁至 40 岁之间，所有发音人普通话水平均为二级甲等或以上，未接受过任何发音训练。实验在 2021 年 10 月 4 日～11 月 16 日进行。实验前，我们要求发音人在自然状态下读取实验句，每个实验句读两遍，句与句之间间隔 2-3 秒。因为新冠疫情的影响，笔者未能实现亲自录音，而是要求发音人使用手机的录音软件录音，最终把采样率统一为 11025 Hz，共得到 12 * 8 * 2 = 192 个样品句。然后使用 Praat 语音分析软件提取划线部分的音频，首先剔除发音人非自然状态下的语音文件，接着对于像（I-1）（II-1）（III-1）这样的同形否定疑问句，让另一位被试（北京官话区出生、女性）听取并判断所听句子的意思。在没有上下文的情况下仍然能够准确表达句义的录音作为本次实验的语音资料。本实验使用贝先明·向柠（2020）编写的汉化修改版的 Praat 软件提取样品句中各个音节的音高数据，使用 Excel 以及 R Studio 进行数据的统计分析。

四、考察的参数及统计手段

4.1 考察的参数

汉语的语调与音高、音长、音强等多个参数有关，其中音高起了主要作用（沈炯 1992、石锋 1999、高美淑 2001、曹剑芬 2002、江海燕 2010、石锋·王萍 2014），而且汉语语调不是音高的升降问题，而是调域高低的问题，一般通过提高或压低调域的方式来表现（胡明扬 1987、石锋 2019、王萍·石锋 2011）。因此本文在探讨各个否定疑问句的语调特征时，把多个语调参数进行简化，主要着眼于对调域的考察。此外，孙爽（2022）通过调查指出，汉语否定疑问句的意义主要和否定辞及后面所接动词的声学表现有关，本文将以此结论为参考，把否定辞的调域（Negative Pitch Range，以下略称为 NPR）、动词的调域（Verb Pitch Range，以下略称为 VPR）、全句的调域（Sentence Pitch Range，以下略称为 SPR）作为考察对象。

此外，在数据处理中，为了过滤由于发音人的年龄等外部因素导致的个性差异，使不同发音人的实验结果更具有可比性和可统计性，本文对收集到的音高数据进行了标准化处理，把原来的以赫兹（Hz）为标度的音高数据转化为半音（St）标度，具体使用的计算公式如下：

$St = 12 \times \lg(f/f_r)/\lg 2$

52

其中，f 表示需要转换的赫兹数值，f_r 表示参考频率（一般来说，男发音人设为 55 Hz，女发音人设为 64 Hz）。句调域我们通过全句的上限半音值与下限半音值的差来计算，即 $S_{max} - S_{min}$。

4.2 统计手段

本文以探讨 6 个否定疑问句的声学表现及各句之间的关系为主要研究目的，为此如果能够把各句的声学特征表示在二维坐标系中就是一个比较理想的方法。但是如 4.1 所述，本文以 SPR·NPR·VPR 这 3 个参数为主要考察对象，像这样基于多元数据得到的可视化散点图，其标记界限并不直观，因此本文将重新定义二维坐标系，这就是所说的主成分分析（Principal Component Analysis，以下略称为 PCA 分析）。简单来说，PCA 分析就是在尽可能不损失原始数据信息的情况下，把多个参数进行降维处理的统计手法（荒木孝治2007）。

接下来我们将介绍几个相关概念。首先是"因子负荷量（principal loadings / factor loadings）"。它表示的是通过 PCA 分析得到的新的参数（即，主成分1、主成分2，以下略称为 PC1、PC2）与原有参数之间的相关关系，绝对值越大，说明两者之间的相关关系越强，若因子负荷量为正则两者为正相关，为负则两者为负相关。其次，各个主成分所保留的原有信息的比例，我们用贡献率来表示，当所得到的主成分的累积贡献率（cumulative proportion）达到80%以上时，我们可以说这些主成分可以很好地反映原有数据的特征。接着，以 PC1 为横坐标，PC2 为纵坐标画出一个新的坐标系，各个数据在这个新的坐标系中的值就是主成分得分（principal scores），据此我们可以做出反映数据分布的散点图，进而对各个数据的特征进行考察。

五、实验结果

5.1 确认、回声问、提醒

我们先来看一下"确认、回声问、提醒"这 3 个否定疑问句的声学表现。基于 SPR·NPR·VPR 这 3 个参数的特征，使用统计软件 RStudio 我们可以做出如下散点图，其中图1是"不+阳平"，图2是"不+去声"的音节组合。

本调查中，横轴为PC1，纵轴为PC2。在图1中，PC1的贡献率为65.3%，PC2的贡献率为26.82%，累积贡献率为92.12%。在图2中，PC1的贡献率为65.35%，PC2的贡献率为25.55%，累积贡献率为90.9%。两种音节组合的累积贡献率均达到80%以上，因此我们可以说PC1、PC2这两个主成分可以很好地反映原数据的特征。横轴中的数字0表示PC1的主成分得点的平均值，分布在横轴正值一侧表示这些数据的PC1大于平均值，分布在负值一侧表示这些数据的PC1小于平均值，纵轴也是如此。此外，散点图中的各要素距离越近，就表明其彼此间的相似性越强。

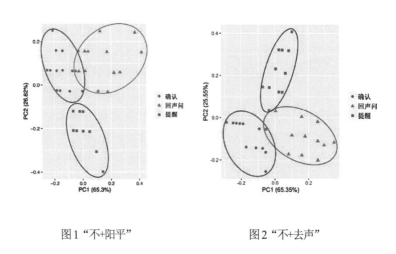

图1"不+阳平"　　　　　　　图2"不+去声"

接着，我们通过下表5的因子负荷量来看一下新参数PC1、PC2与原有参数SPR·NPR·VPR之间的相关性。在本研究中，PC1和PC2是SPR·NPR·VPR这3个参数综合作用的结果，以表5中的第一列为例来说明的话，我们可以发现PC1的66.8886%与SPR相关，48.83039%与NPR相关，56.04912%与VPR相关，也就是说，PC1与SPR的相关性最强。

因此，我们可以从表3中读取以下信息：在"不+阳平"的音节组合中，PC1与3个变量中SPR的正相关较强，而PC2则与NPR·VPR的相关性较强，其中与NPR呈现正相关，与VPR呈现负相关。在"不+去声"的音节组合中，PC1与SPR有着较强的正相关关系，而PC2则与NPR·VPR的相关性较强，其中与NPR呈现负相关，与VPR呈现正相关。本文中我们把因子负荷量较大的参数用阴影做出标示。

表3 因子负荷量

	不 + 阳平		不 + 去声	
	PC1	PC2	PC1	PC2
SPR	0.668886	-0.0469600	0.6562181	-0.02766057
NPR	0.4883039	0.7802429	0.5469045	-0.67107358
VPR	0.5604912	-0.6237113	0.5198782	0.74087458
	PC1　SPR（正相关） PC2　NPR（正相关）VPR（负相关）		PC1　SPR（正相关） PC2　NPR（负相关）VPR　（正相关）	

　　下面我们来具体看一下各个否定疑问句的分布及其声学特征。图1中"确认"和"回声问"分布在散点图上方，这说明它们的 PC2 的值大于平均值，也就是说，这两个否定疑问具有 NPR 大，VPR 小的声学特征。另一方面，两者在 PC1 的值上存在分歧，"确认"处于负值一侧，"回声问"处于正值一侧。也就是说"回声问"的 SPR 比"确认"大。此外，"提醒"的 PC1 的值集中在平均值附近，而 PC2 的值则处于3个否定疑问句中最小的位置，也就是说"提醒"的 NPR 最小，VPR 最大。

　　图2中"确认""回声问"分布在散点图下方，"提醒"分布在上方，这说明前者 PC2 的值小，后者 PC2 的值大。也就是说，在 NPR 方面，"确认""回声问"比"提醒"大，而在 VPR 方面，"提醒"则要大于"确认""回声问"。从整体上看，"提醒"和"回声问"的 PC1 的值大于"确认"，也就是说"提醒"和"回声问"的 SPR 要大于"确认"。

　　综合以上两种音节组合，我们可以说"回声问"和"提醒"之间的共同点很少，而"确认"与这两个否定疑问句均表现出不同程度的类似性。如："确认"和"回声问"在 NPR 方面大于"提醒"，在 VPR 方面小于"提醒"；"确认"和"提醒"在 SPR 方面小于"回声问"。此外，在这3个否定疑问句中，"回声问"的 SPR 最大；"提醒"的 VPR 最大，NPR 最小；"确认"的 SPR 最小。

5.2 确认、回声问、提醒、建议

　　通过5.1的考察，我们发现，除了极端个例以外，"确认""回声问""提醒"这3个否定疑问句可以根据各自的声学特征清楚地进行区分，接下来，我们将以这3个否定疑问句为基础，考察其他3句在否定疑问句体系中的位置。为了更清晰地把握每个否定疑问句的分布，我们将在5.2～5.4中分别以"确认、回声问、提醒、建议"，"确认、回声问、提醒、同意要求", "确认、回声问、提醒、请求"的组合来展开讨论。

下面的图3、图4分别为"不+阳平"以及"不+去声"组合下"确认、回声问、提醒、建议"的分布。在图3中, PC1的贡献率为58.95%, PC2的贡献率为29.5%, 累积贡献率为88.45%。在图4中, PC1的贡献率为65.08%, PC2的贡献率为25.64%, 累积贡献率为90.72%。两种音节组合的累积贡献率均达到80%以上, 因此我们可以说PC1、PC2这两个主成分可以很好地反映原数据的特征。

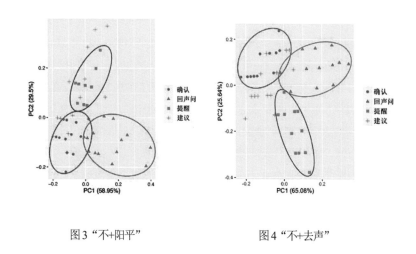

图3 "不+阳平"   图4 "不+去声"

接着我们来看一下因子负荷量, 从下面表4中我们可以读取以下信息: 在"不+阳平"的音节组合中, PC1与SPR、NPR, PC2与VPR有着较强的正相关关系。在"不+去声"的音节组合中, PC1与SPR的正相关关系较强, 而PC2与NPR·VPR的相关性较强, 其中与NPR呈现正相关, 与VPR呈现负相关。

最后, 基于上述散点图, 我们来探讨"确认、回声问、提醒、建议"之间的关联。图3中"建议"的分布可以分为两组: 一是和"确认"一样, 分布在散点图的左下方; 还有一个是和"提醒"一样, PC2的值处于正值一侧, 都但是没有数据进入"回声问"的领域。图4中"建议"的一部分和"确认"呈现出相同的分布, 一部分和"提醒"一样, PC2小于0, 只有极少数数据进入"回声问"的领域。综合以上两种音节组合, 我们可以说"建议"和"确认"、"提醒"之间的关系密切, 与"回声问"之间的关联较弱。

表 4 因子负荷量

	不 + 阳平		不 + 去声	
	PC1	PC2	PC1	PC2
SPR	0.6763457	-0.07504902	0.6511292	0.03629473
NPR	0.5922116	-0.53613417	0.5514363	0.66369165
VPR	0.4379976	0.84078998	0.5214871	-0.74712521
	PC1 SPR（正相关）NPR（正相关）		PC1 SPR（正相关）	
	PC2 VPR（正相关）		PC2 NPR（正相关）VPR（负相关）	

5.3 确认、回声问、提醒、同意要求

本小节将以"确认""回声问""提醒"这 3 个否定疑问句为基础，考察"同意要求"在否定疑问句体系中的位置。如（5）（6）所示，不同于其他考察句，在"同意要求"的用法中，我们以双音节动词"觉得""认为"为实验句，因此在计算"同意要求"中动词的调域时，我们取该双音节动词调域的平均值进行计算。

（5）你：昨天的考试，我都没答完。

　　王：我也是，有很多不会的。

　　你：跟上次的比，<u>不觉得变难了？</u>

（6）你：昨天的考试，我都没答完。

　　王：我也是，有很多不会的。

　　你：跟上次的比，<u>不认为变难了？</u>

下面的图 5、图 6 分别为"不+阳平"以及"不+去声"音节组合下"确认、回声问、提醒、同意要求"的分布散点图。在图 5 中，PC1 的贡献率为 61.59%，PC2 的贡献率为 24.71%，累积贡献率为 86.3%。在图 6 中，PC1 的贡献率为 59.9%，PC2 的贡献率为 26.61%，累积贡献率为 86.51%。两种音节组合的累积贡献率均达到 80% 以上，因此我们可以说 PC1、PC2 这两个主成分可以很好地反映原有数据的特征。

接着我们来看一下表 5 中的因子负荷量，通过观察表中的数据，我们可以知道，在"不+阳平"的音节组合中，PC1 与 SPR · NPR，PC2 与 VPR 有着较强的正相关关系。在"不+去声"的音节组合中，PC1 与 SPR 的正相关关系较强，而 PC2 与 NPR · VPR 的相关性较强，其中与 NPR 呈现负相关，与 VPR 呈现正相关。

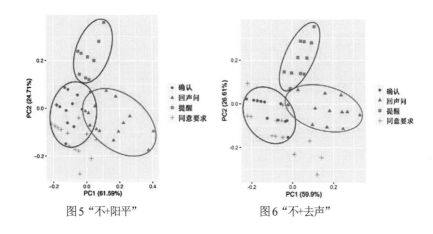

图5 "不+阳平"　　　　　　　　　图6 "不+去声"

表5 因子负荷量

	不 ＋ 阳 平		不 ＋ 去 声	
	PC1	PC2	PC1	PC2
SPR	0.6355653	-0.1612936	0.6528819	-0.0671129
NPR	0.5866986	-0.5347631	0.5642871	-0.6213763
VPR	0.5018381	0.8294654	0.5052972	0.7806326
	PC1　SPR（正相关）NPR（正相关） PC2　VPR（正相关）		PC1　SPR（正相关） PC2　NPR（负相关）　VPR（正相关）	

最后，我们来看一下"同意要求"的分布情况。如图5、图6所示，超过一半的数据和"确认"呈现出相同的分布，少数数据接近"回声问"的领域，而与"提醒"具有相同特征的数据只有一个。

5.4 确认、回声问、提醒、请求

本小节将以"确认""回声问""提醒"这3个否定疑问句为基础，考察"请求"的分布特征。下面的图7、图8分别为"不+阳平"以及"不+去声"组合下"确认、回声问、提醒、请求"的分布散点图。在图7中，PC1的贡献率为60.63%，PC2的贡献率为20.95%，累积贡献率为81.58%。在图8中，PC1的贡献率为60.6%，PC2的贡献率为23.69%，累积贡献率为84.29%。两种音节组合的累积贡献率均达到80%以上，因此我们可以说PC1、PC2这两个主成分可以很好地反映原有数据的特征。

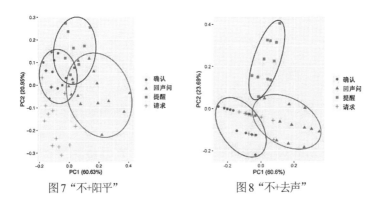

图7 "不+阳平"   图8 "不+去声"

接着我们来看一下因子负荷量，从下面表6中我们可以读取以下信息：在"不+阳平"的音节组合中，PC1与NPR呈现较强的正相关关系，而PC2与SPR·VPR呈现较强的关联性，其中与SPR呈现负相关，与VPR呈现正相关。在"不+去声"的音节组合中，PC1与SPR有着较强的正相关关系，而PC2则与NPR呈现出较强的负相关，与VPR呈现出较强的正相关。

表6 因子负荷量

	不 + 阳平		不 + 去声	
	PC1	PC2	PC1	PC2
SPR	0.5705335	-0.68082563	0.6256599	-0.08159197
NPR	0.5943511	-0.04368127	0.5661364	-0.63671876
VPR	0.5667790	0.73114185	0.5366929	0.76676722
	PC1　NPR（正相关） PC2　SPR（负相关）VPR（正相关）		PC1　SPR（正相关） PC2　NPR（负相关）VPR（正相关）	

最后，我们来看一下"请求"的分布情况。在图7中，大部分数据分布在散点图的左下方，从PC1的值小于0这一点来看，与"确认"呈现出一致的分布，而在PC2这一方面却与"回声问"一样，分布在负值一侧。从散点图来看，"请求"和"提醒"的关联较弱。在图8中，有超过一半的数据与"确认"呈现出一致的分布情况，少数进入了"回声问"的领域，和"提醒"具有相似音声表现的数据仅有一个。综合以上两种

音节组合，我们可以说"请求"和"确认"的关系密切，与"提醒"之间的关联较弱。

六、汉语否定疑问句的类型

在上面第 5 节中，我们以 6 个否定疑问句的 SPR、NPR、VPR 为数据进行了 PCA 分析，通过得到的散点图大致把握了各个否定疑问句的声学特征及其之间的关联。其中"确认""回声问""提醒"这 3 个否定疑问句，除了极端个例以外，可以根据各自的调域特征清楚地做出区分。接着，我们基于散点图中的分布，又考察了"建议""同意要求""请求"与上述 3 个否定疑问句的关联，至此在一定程度上明确了文章开头提到的"不来喝点儿吗？""不觉得有点儿咸吗？"这样的句子在否定疑问体系中的位置。

接下来，我们将对 SPR・NPR・VPR 的平均值进行整理，为各句调域特征的记述提供数据支持，此外，这样的调域特征反映了该句怎样的信息结构[①]，与说话人的意图又存在着怎样的联系，能否基于调域特征为汉语的否定疑问句提供有效的分类，等问题也将在本节展开讨论。

6.1 焦点

先从结论来说，我们可以根据焦点类型把汉语否定疑问句进行分类，作为下文讨论的前提，本节将对焦点及其相关概念进行说明。

关于焦点的定义，已经有不少中外语言研究者提出了自己的见解（Halliday 1967、田窪行则 1987、徐烈炯・潘海华 2005），我们这里将采用石锋（2019、2021）的说法，认为焦点就是说话人在自己的语句中希望引起对方注意的部分。可以分为自然焦点、强调焦点、对比焦点、语气焦点、情感焦点五类。这里我们将详细介绍和本文有关的"自然焦点、强调焦点、情感焦点"三类。

一般来说，汉语的句子采用的是从旧信息到新信息的语序，这种语序下，句末的新信息自然成为句子的焦点，这样的句子就是我们所说的自然焦点句。强调焦点是指说话人有意重读语句中的某一成分而产生的焦点，这类焦点只有语音表现，没有词汇语法的标记。情感焦点就是以渲泄情感为主要功能的焦点类型（石锋 2019、2021）。

关于焦点的韵律表现，Xu（1999）、陈怡・石锋（2011）、石锋・王萍（2014）等研究指出，焦点的语音突显是通过扩展焦点所在的词的音高范围，压缩焦点后的词的音高范围来实现的，而焦点前调域总是保持稳定或压缩。本文将根据上述焦点的韵律表现来分析各个否定疑问句的焦点所在，进而对各句的焦点类型做出判断。

6.2 汉语否定疑问句的类型

王萍·石锋（2011）把语调分为基本模式（基式）和变化模式（变式）两种。以基式为基础，通过增加焦点、语气（疑问、命令、祈使），以及感情等因素，得到各种语调的变式。

通过观察上面的散点图，我们可以知道"回声问""提醒""建议""同意要求""请求"这 5 个句子均与"确认"有关联，因此我们认为"确认"用法的句子，其语调是否定疑问句语调的基本模式，其他用法的句子，其语调则是基于此的变化模式。那么，这 5 个否定疑问句在语音上发生了什么变化，为了明确这个问题，我们把各句 SPR·NPR·VPR 的平均值整理成下表 7，表中的"+·-"表示该用法和"确认"之间的差，"+"表示大于"确认"，"-"表示小于"确认"。

表 7 各句 SPR·NPR·VPR 的平均值（St）

	SPR	NPR	VPR
确认	7.61	1.71	2.60
回声问	13.89	3.38	4.26
	+6.28	+1.67	+1.66
提醒	10.97	1.24	5.08
	+3.36	−0.47	+2.48
建议	7.88	1.45	3.83
	+0.27	−0.26	+1.23
请求	11.06	1.34	2.10
	+3.45	−0.37	−0.5
同意要求	10.15	1.62	1.42
	+2.54	−0.09	−1.18

根据表 7 中的调域变化以及各句在散点图中的分布，我们可以把除"确认"以外的 5 个实验句分成如图 9 所示的 3 组：第 1 组中有"建议""提醒"两个否定疑问句，它们的 NPR 分别是 1.45 St 和 1.24 St，比"确认"小了 0.26 St 和 0.47 St；而在 VPR 方面分别达到了 3.83 St 和 5.08 St，比"确认"大了 1.23 St 和 2.48 St。也就是说，和"确认"

相比，"建议""提醒"的 NPR 被压缩，而 VPR 则得到了扩张。根据前人对焦点语音特征的研究结果，我们可以判断在这两类否定疑问句中，动词成了全句的焦点所在。第 2 组有"请求""同意要求"两个否定疑问句，它们的 NPR 分别是 1.34 St 和 1.62 St，比"确认"小了 0.37 St 和 0.09 St；VPR 分别是 2.10 St 和 1.42 St，比"确认"小了 0.5 St 和 1.18 St。也就是说，和"确认"相比，"请求""同意要求"的 NPR 和 VPR 同时被压缩，我们认为这是因为否定辞和动词传递的信息量减少，动词后面的请求内容、评价内容成了全句的焦点。如（7）中"等我会儿"，（8）中"变难了"成了说话人最想表达的部分。第 3 组只有"回声问"一个否定疑问句，它的 NPR、VPR 分别是 3.38 St 和 4.26 St，和"确认"相比，得到了 1.67 St 和 1.66 St 的扩张。据此我们认为这类否定疑问句是宽焦点句，句子的焦点落在了否定辞和动词上。

（7）你慢点儿走！<u>不能等我会儿？</u>（同V-1）

（8）你：昨天的考试，我都没答完。
　　　王：我也是，有很多不会的。
　　　你：跟上次的比，<u>不觉得变难了？</u>（同V-2）

图 9 汉语否定疑问句的调域特征

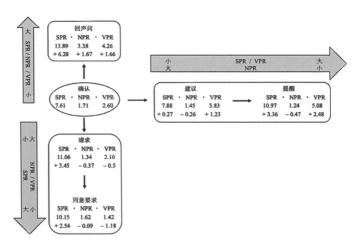

最后再来看 SPR 的变化，"回声问""提醒""建议""同意要求""请求"这 5 个句子的 SPR 均大于"确认"，我们认为这是由于说话人的情感态度所引起的语音的变化。

其中"回声问"的 SPR 为 6 个考察句中最大,达到了 13.89 St,相比于"确认"扩张了 6.28 St。这是因为这类否定疑问句的问询功能减弱,以说话人表达自己吃惊的心情为主要的发话目的。

其次,"提醒"的 SPR 的值达到了 10.97 St,相比于"确认"扩张了 3.36 St。这是因为这类问句虽然采用了疑问的形式,但基本丧失了疑问句原有的问询功能,以提醒对方注意会话现场的事实或唤起对方对过去事情的记忆为主要发话目的(许皓光 1985、郭继懋 1987、史金生 1997、殷树林 2007、胡德明 2008、刘娅琼·陶红印 2011、胡建锋 2011、中田聪美 2016)。此外,"建议"也具有向对方提供信息的功能,但在保持了问询功能这一方面区分于"提醒",另外,由于"建议"中所包含的说话人的情感态度并不是很强烈,所以和"确认"相比 SPR 只扩张了 0.27 St,远远小于"提醒"。

最后,关于"请求"和"同意要求",它们的 SPR 分别是 11.06 St 和 10.15 St,比"确认"扩张了 3.45 St 和 2.54 St。这是因为在请求的对话中,如果使用否定疑问句常常会带有一种强硬的命令的态度(李杰 2011、楊凱栄 2018),而使用了"觉得""认为"的否定疑问句在表达说话人自己立场的同时,还带有希望或期待听话人同意自己观点的意思(李杰 2011、楊凱栄 2018)。我们认为这种问询功能以外的发话意图主要通过 SPR 的变化得到实现。

综合以上的考察,我们可以对实验句的 6 个否定疑问句的焦点类型做出如下分析:① "确认"是自然焦点句,其语调是否定疑问句语调的基本模式。这点可以通过各句在散点图中的分布得到证明。② "建议""提醒""请求""同意要求"均为强调焦点句,不同的是在"建议""提醒"中,动词是焦点所在;而在"请求""同意要求"中,动词后面的请求内容、评价内容成了全句的焦点。③ "回声问"是情感焦点句,以表达说话人吃惊的感情为主要发话目的。在这类句子中,否定辞和动词的调域均得到扩张,全句的调域跨度也在 6 个实验句中达到最大,句调域的扩张程度也远大于语调基式"确认"。

七、结论和今后的课题

7.1 结论

目前汉语学界对于汉语否定疑问句类型的研究,主要集中在语法、语义层面,虽然得出了很多引人深思的结论,但对于"不来喝点儿吗?""不觉得有点儿咸吗?"这样的句子处于否定疑问体系中的位置这一问题，还存在着争议。本文从这一问题出发，引入语音学的视角，主要从音高，特别是调域表现的角度对"确认""回声问""建议""提醒""请求""同意要求"等6个否定疑问句的声学表现及其之间的关联进行了详细探讨，初步分析出了各句的焦点类型，并以此为依据对汉语否定疑问句的类型做出了如下提案：①"确认"是自然焦点句，其语调是否定疑问句语调的基本模式。②"建议""提醒""请求""同意要求"均为强调焦点句，不同的是"建议""提醒"中，动词是焦点所在；而在"请求""同意要求"中，动词后面的请求内容、评价内容成了句子的焦点。③"回声问"是情感焦点句，以表达说话人吃惊的感情为主要发话目的。

7.2 今后的课题

本文从语音学的角度对汉语否定疑问句的类型做出了初步分析，并提供了相应的数据支持，可以说在一定程度上把握了汉语否定疑问句的体系，但是仍有以下课题需要我们继续探索：

首先，本文只考察了各个否定疑问句的音高特征，正如石锋（2017: 21）指出的一样，在韵律分析中如果只看到音高，就是一种抽象的线性起伏；加入时长，会成为一幅实在的平面图景；再加音量，才是一串鲜活语言的立体音流。因此，在今后的研究中，我们将从时长和音量的角度继续对各个否定疑问句的语音表现进行探讨。其次，本文的实验句场景设定是有限的，同样是"不（是）～吗"结构的句子，除了本文提到的"提醒"用法以外，还有"宣泄不满""申辩"等用法（郑贵友2014），像这样说话人的不同情感在语音上有何表现，也是一个很有意思的课题。最后，本文是以语调疑问句为考察对象得出的汉语否定疑问句的类型，"吗"字疑问句是否也适用于此分类，也仍然需要进行验证。

附注

1) 我们这里讲的信息结构是这样的：说话人用语句作为载体传达给听话人的意义内容。之所以称为信息结构，是因为这种信息中包含了句法、语义、语气、语用，有时还要考虑情感等各种成分，相互补充，彼此联系，有机地结合在一起，完成语言交际的功能。不同的信息结构，可以划分为有限的焦点类型，在语句中表现为相对应的韵律分布模式（石锋2017: 20）。

参考文献

曹剑芬 2002. 汉语声调与语调的关系，《中国语文》第 3 期：195-202。

陈　怡·石　锋 2011. 汉语普通话强调焦点句的起伏度，《南开语言学刊》第 1 期：9-19。

高美淑 2001. 汉语祈使句语调的实验研究，《新世纪的现代语音学——第五届全国现代语音学学术会
　　议论文集》152-155。

郭继懋 1987. 谈表提醒的 "不是"，《中国语文》第 2 期：110-113。

郭　锐 2000. "吗" 问句的确信度和回答方式，《世界汉语教学》第 2 期：13-23。

胡明扬 1987. 关于北京话的语调问题，《北京话初探》，北京：商务印书馆，146-164。

胡德明 2008. 从反问句生成机制看"不是"的性质和语义，《安徽师范大学学报（人文社会科学版）》
　　第 3 期：361-367。

胡　灏 2017. 汉语自然话语疑问句语调的音高模式研究，暨南大学硕士学位论文。

胡建锋 2011. "不是……吗？"反诘问句的前后景功能，《当代修辞学》第 3 期：42-47。

江海燕 2005. 疑问语气意义的两种表达途径，《南开语言学刊》第 6 期：45-52。

江海燕 2010. 《关于汉语语调问题的实验研究》，首都师范大学出版社。

刘娅琼·陶红印 2011. 汉语谈话中否定反问句的事理立场功能及类型，《中国语文》第 2 期 110-120。

刘月华 1988. 语调是非问句，《语言教学与研究》第 2 期：25-34。

沈　炯 1992. 汉语语调模型刍议，《语文研究》第 4 期：16-24。

石　锋 1999. 汉语语调格局在不同语速中的表现，《中国语言学的新拓展：庆祝王士元教授六十五岁
　　华诞》，香港：香港城市大学出版社 381-394。还载于《语音格局——语音学与音系学的交汇点》
　　2008，石锋·潘悟云（著），北京：商务印书馆，324-336。

石　锋 2017. 《语调研究是实验语言学的奠基石——语调论坛总结报告》，《实验语言学》第 1 期：
　　19-25，62。

石　锋 2019. 韵律格局：理念和方法，《实验语言学》第 8 期：1-8。

石　锋 2021.12.6. 信息—焦点纵横谈：从焦点连续统出发，实验语言学网上报告。

石　锋·王　萍 2014. 边界调和焦点调，《中国语言学报》第 42 期：93-108。

宿　捷·宿　敏 2006. "不" 的非否定用法小议，《辽宁师专学报（社会科学版）》第 5 期：28-29。

史金生 1997. 表反问的"不是"，《中国语文》第 1 期：25-28。

王　萍·石　锋 2011. 试论语调格局的研究方法，《当代外语研究》第 5 期：10-17。

许皓光 1985. 试谈反问句语义形成的诸因素，《辽宁大学学报》第 3 期：66-68。

徐烈炯·潘海华 2005. 《焦点结构和意义的研究》，北京：外语教学与研究出版社。

徐盛桓 1999. 疑问句探询功能的迁移，《中国语文》第 1 期：3-11。

楊凱榮 2018. 日语否定疑问句的功能及汉语的对应表现，『中国語学·日中対照論考』，東京：白帝社，280-298。

杨立明 1995. 三种疑问句的语调之异同，『中国語学』第 242 期：144-152。

阎锦婷·王　萍·石　锋 2014. 普通话是非问句语调的起伏度，《第十一届中国语音学术会议论文集》261-167。

殷树林 2007. 现代汉语反问句特有的句法结构，《湖南科技大学学报（社会科学版）》第 3 期：101-105。

张　斌·张谊生 2012. 非真值语义否定词 "不" 的附缀化倾向，《上海师范大学学报（哲学社会科学版）》第 5 期：86-94。

郑贵友 2014. "不是 X 吗" 句的语义特征和表达功能，《汉语学报》第 4 期：14-21。

荒木孝治 2007. 『R と R コマンダーではじめる多変量解析』，東京：日科技連出版社。

陳文芷 1989. 「中国語の上昇調」，山口守（訳），『日本大学人文科学研究所研究紀要』第 37 期：87-97。

井上優·黄麗華 2007. 「日本語と中国語の真偽疑問文」，彭飛（編），『日中対照言語学研究論文集：中国語からみた日本語の特徴日本語からみた中国語の特徴』，大阪：和泉書院，35-57。

李　杰 2011. 「否定の意味を示さない『～ないか』について：中国語との対照を中心に」，『比較社会文化研究』第 31 期：67-74。

中田聡美 2016. 「現代中国語における "是" 構文の意味と機能」，大阪大学博士論文。

孫　爽 2022. 「中国語における三種の否定疑問文の音声的特徴」，『KLS Selected Papers 2 2022』（未刊）。

田窪行則 1987. 「統語構造と文脈情報」，『日本語学』第 5 期：37-47。

Halliday M A K 1967. Notes on Transitivity and Theme in English: Part 2. Journal of Linguistics 3 (2), 199-244.

Xu Yi 1999. Effects of tone and focus on the formation and alignment of F_0 contours. Journal of Phonetics 27(1), 55-105.

使用软件

Paul Boersma & David Weeknink 2020 开发，贝先明·向柠（2020）汉化修改的 Praat 软件。

估论副词"想必"的话语关联与句法语义*

赵春利 范洪彬

（暨南大学）

摘要： 本文以语义语法为理论指导，根据副词"想必"句的话语关联及其句法分布来提取"想必"的语义。首先，综述前人对"想必"的研究并指出问题。其次，根据逻辑关系、认知关系和语义关系勾勒副词"想必"的整体话语关联"据情估论"，并形式验证前提情况句的"确情义"与后续"想必"结论句的"估论义"。第三，精确定位副词"想必"的句法分布规律，即"想必"主要分布于对确定命题进行推测的陈述句和疑问句的外层。第四，根据"想必"的话语关联和分布规律，提取出"想必"表达的是认知层面的估论义，并在人际意态层面隐含商榷说明和委婉解释。

关键词： "想必" 估论副词 据情估论 商榷 委婉解释

一、引言

作为"个性强于共性的词类"（张谊生 2000/2014：1）的现代汉语副词，其中每个成员都有着独特的、区别与其他副词的语法意义。为了对副词"想必"形成更准确的认识，我们以北京大学汉语语言学研究中心 CCL 语料库为语料来源，以语义语法理论为指导，准确提取和论证"想必"句的话语关联，通过"想必"与其他语法单位的句法选择关系提取并验证其语法意义，以提取出"想必"真正具有个性的语义内涵，挖掘出颗粒度更为精细的语义信息。

二、副词"想必"的已有研究

*本项研究得到 2017 年度国家社会科学基金一般项目"汉语情态副词的语义提取与分类验证研究"（17BYY026）、中央高校基本科研业务费专项资金（暨南领航计划 19JNLH04）、广东省高等学校珠江学者岗位计划资助项目（2019）、国家社科基金重大项目（16ZDA209）的资助，本刊匿名审稿专家提出了非常宝贵的意见和建议，特表谢忱，文中谬误当由作者负责。

赵春利，男，山东德州人，暨南大学中文系教授，博士生导师，珠江学者特聘教授，主要研究语法学、汉语教学，电邮：ctzhaocl@foxmail.com。范洪彬，男，广西玉林人，暨南大学中文系研究生，主要研究语法学，电邮：fhbhb77@qq.com。

综观学界对"想必"的已有研究，前人们出于不同目的运用不同方法围绕"想必"的语法意义、句法分布、语用功能和历时演变四个方面展开调查与研究，并取得了一定的成果。

第一，语法意义方面，前人的观点主要有三类。一是表示事实与估计高度关联性的"据实或然类"，持此类观点的有最早的"估计事实的必然/高度的或然"（吕叔湘1942/1990：253）到"估计发生、出现、存在的可能性大"（侯学超1998:596），再到"跟一定的事实依据有关"（史金生2003）、[+较强理据性]和[+较强断言性]（武梅琳2015：8）等学者；二是表示说话人肯定所述命题的"肯定推断类"，认为"想必"表示"偏于肯定的推断"（中国社会科学院语言研究所1973：1122；王自强1998:227；张斌2001：573；齐沪扬 2011：431）。三是表示说话人强烈主观性的"主观高强类"，此类观点以"表示说话人强烈的意志和信念"（崔诚恩2002：59）、"主观量度最高"（齐春红2006：59）、"[+高确信度]与[+强主观性]"（魏雪 2016）为代表。由于研究方法不同，三类观点都依赖于描写和语感而缺乏形式验证。

第二，句法分布方面，前人已注意到了"想必"在句法位置分布、句子功能分布和同现成分上的某些重要特征。句位分布上，主流观点认为"想必"可分布于主语前或主谓之间而连用顺序上位于各类语气副词的最前面（史金生2003；王露2009；李涵2011；武梅琳 2015）；句子功能分布上，从"想必"一般分布于祈使句以外其他所有句类（王露2009；李涵2011；武梅琳2015）到只分布于"揣测性问句"当中（武梅琳2015）；同现成分上，已经注意到了"想必"与能愿动词、"是"及各类副词的同现情况（李涵2011）以及与连词、句末语气词的同现关系并寻求语义和语用方面的解释（武梅琳2015）。可以说，前人对"想必"句法分布进行了较为细致的考察，但受语法理论影响，未能正反验证句法分布规律。

第三，语用功能方面，前人对"想必"的交际功能和篇章衔接功能均做了一定的探索。在交际功能上，既有齐沪扬（2002：213）基于语感提出的"表述性功能、评价性功能和强调性功能"（王露2009；李涵2011）也有"语气缓和"（武梅琳2015：34）和"语气强化"（魏雪2016）的对立观点。篇章衔接功能方面，已有学者注意到了"想必"句话语逻辑上的因果关系（朱丽2005：45；武梅琳2015：35）和认知上的推测关系（武梅琳，2015：35），由此反驳了史金生（2003）最先提出的"证实"关系。我们认为"想必"的交际功能和篇章衔接功能本应从属于"想必"的可验证性语法意义。

第四，历时演变方面，有三类观点：一是描写词汇化和语法化历程，主要以"跨层非句法结构的词汇化"（董秀芳 2002/2011：35）为纲描写了"想必"大约至宋代才渐趋凝固成词（刘红妮 2009：286；高育花 2014），语义由原本的"思索"和"必定"引申为"推测"和"确信语气减弱"（刘红妮 2009：286；武梅琳 2015：44）。二是词汇化的形式手段，单句看句法位置是否灵活、是否与"是""须"强调义的同现词（高育花 2014；武梅琳 2015：47），话语看"'想'后出现零形回指现象"且"'必'的小主语可以在前文出现"（武梅琳 2015：46）。三是语义主观化的解释，主要认为说话人的"推测"是"想必"主观化的主要原因（刘红妮 2009；高育花 2014）。"想必"的历时研究并没有明确"主观性"是指说话人的认知还是情感还是二者兼有。

语义语法理论认为，语法形式是语法意义的外在表现而语法意义是语法的核心。前人对"想必"的研究虽然涉及了语法形式和语法意义的某些对应关系，但仍存在以下两点问题：第一，"想必"的语法意义的提取缺乏严谨的形式验证；第二，语法意义的解析缺乏严谨的系统性与严密的逻辑性。因此，不同研究者由于语感或研究视角不同而得出不一致的结论。鉴于此，我们将在揭示"想必"的语法意义时，不仅要细致提炼"想必"的语法意义，还更注重语法意义的系统性和逻辑的严密性。

三、副词"想必"的话语关联

句子与句子连接所形成的话语关联既是还原并呈现副词在"应用"当中本真状态的一面镜子，也是"准确理解和验证副词语义的一把钥匙"（吴婷燕、赵春利 2018：360）。我们需要在层次复杂的语料中开展广泛调查并进行正反验证，才能准确定位副词"想必"的话语关联。

通过语料调查（本文所有语例都来自 CCL 语料库），我们可以从形式、逻辑和语义层面勾勒并验证"想必"的话语关联，并通过认知解释进一步锁定"想必"在话语关联当中的形式特征与逻辑关系。首先，"想必"从形式层面上看通常位于话语中的后续句的位置，与"想必"句组成关联的句子往往是前句的"上文或当前情境"（史金生 2003）。其次，从逻辑关系看，无论"想必"句与其它小句在表面上构成了因果、并列还是转折的关联，"想必"句实际上在话语中仅与关联句组成"前提——结论"的推测关系。根据"想必"句所在话语的前提与结论在推测关系当中所担任的因果角色不同，又可分为由因及果的估果推测与由果溯因的估因推测两类。逻辑关系的发现不仅来源于"想必"的语言事实，同样也可以得到语言事实的验证：

其一，"想必"分布于结果句而表示估果推测时，通常与前面的原因句构成说明性因果、推断性因果、条件性因果、假设性因果四类"广义因果"（邢福义 2001）关系。从正面来看，这可根据前后句的同现连词和话语标记得到证明：一是说明性因果标记，如连词"因为""由于"等（1a）；二是推断性因果标记，如"按X、按照X、听说X、据说X、从X看、既然"和"想必"句首的"X看来、如此说来"等（1b）；三是条件性因果标记，包括"只要、要是、如果、X的话、要说X、X之后"等（1c）。根据这些标记都确定"想必"句与前面关联句的因果关系。数量上看，实际语料以无因果标记形式更为典型，但是在前句中插入原因、推断或条件连词（本文在原语例中插入的语言成分或用于与原语例进行正反比较的语言成分均用方括号【】表示），话语关联依然合法（2）：

（1）a.<u>因为</u>它离繁荣的古港只有短短一华里，<u>想必</u>会有不薄的文明。

　　　b.<u>按</u>行政隶属关系，<u>想必</u>"中国"级应该领导"省市"级。

　　　c.<u>如果</u>没有我，你<u>想必</u>会约会其她的姑娘。

（2）a.虽然她们已是老面孔，但【由于/鉴于】节日将临，<u>想必</u>该有什么新鲜的东西呈送。

　　　b.【既然/据说】匪徒们称他"总司令"，<u>想必</u>是个头目。

　　　c.【如果/要是】再站两分钟，<u>想必</u>会丧命。

反面来看，"想必"在话语中只选择结果句或结论句而排斥在前因后果关系当中的原因句、前提句、条件句，比如在原因句（3a）、前提句（3b）和条件句（3c）中插入"想必"，都是不合法的：

（3）a.<u>因为</u>空闲的时间【*想必】太多，所以感到自己没用了。

　　　b.<u>既然</u>你【*想必】要来偷袭，就非得给你点教训不可。

　　　c.这并不难，<u>只要</u>你【*想必】掌握了恩格尔定律。

其二，"想必"在溯因句位置而表示估因推测时，溯因句均作为一个整体结构位于副词"想必"的后面。根据溯因标记结构类型以及话语位置的不同可以将溯因推测的同现标记分为以下五类：一是"想必"小句内层原因连词"因为、由于"（4a）；二是"想必"小句内层原因介词"鉴于、出于"等（4b）；三是溯因义句子结构"是……的缘故/之故、是……的原因、是……所致、……的原因是……、究其原因……是……"（4c）；四是"想必"前句的由果溯因连词标记"之所以"（4d）；五是"想必"句的后句的结果连词"因而、所以、因此"等（4e）。反之，当"想必"句表示溯因推测时，原因连词"因为""由于"等或原因介词"鉴于""出于"等只位于"想必"之后而不能在"想必"的前面，这从例（4a）和（4b）的正反对比中可以看出：

（4）a.有些人衣襟上还带着血，想必是因为【*因为想必是】出手时太用力，刺得太猛。

　　b.你们想必鉴于【*鉴于想必】以往的美术作品"语言"太贫乏，因而要闯出一条新的道路。

　　c.他们进行了二次会谈。这想必是张伯伦回国之威胁所致。

　　d.洞孔四周的颜色之所以有些不同，想必是实际使用过好几次的缘故吧。

　　e.想必那个人从未孤独过，所以才把孤独想得如此诗意。

通常位于后续句位置的"想必"结论句不仅可以从线性顺序和逻辑关系当中提取，亦可以得到认知层面的解释。我们发现，以往对"想必"语法意义的诸多解释里，无论是"推想"（李行健 2014：1435）、"推测"（王露 2009；李涵 2011）还是"推断"（中国社会科学院语言研究所 1973；张斌 2001；齐沪扬 2011），实际上均隐含了"想必"在话语中根据说话人受话人双方已知的信息而推知新信息的心理认知特点。也就是说，如果说"想必"句表示说话人的推测，那么，结论的推知就相应地需要言语交际双方的共知信息（Venneman1975）作为认知预设（presupposition）。

再者，若要准确、全面地勾勒话语关联，不仅需要锁定"想必"句与关联句的形式顺序和逻辑关系，还需要在此基础上明确"想必"句及关联句的语义类型。其实，从语义层面上来看，无论是溯因推测关系还是结果推测关系，与"想必"句关联的小句前情句作为说话人进行推测的已知条件，其对应语义类型为包括以"由于、因为、既然"为典型标记的实际情况和以"如果、倘若、假如、要是"为典型标记的虚拟情况在内的"确情义"。这可从两方面得到验证：一方面，无论情况句是表示实际情况还是虚拟情况，均可以插入表示说话人对所述情况确定信实的确情义副词"的确、确实、实在、真的、果然"等（5a）；另一方面，当在情况句中插入语义相对的"非事实性"的（non-factuality）语义成分如非事实助动词"应该、可能、能够"和或然义副词"似乎、没准、说不定、或许、多半、大概"等时，句子都不合法（5a/b）。而根据同现的话语标记、小句副词可提取出"想必"的对应语义类型则为包括逻辑上的推论与说话人认知上的估测在内的估论义，从而确立"据情估论"的话语关联。

（5）a.这【实在/真的/*或许/*似乎】是太不寻常了，想必是有大事。

　　b.倘若虞姬姑娘【*可能/*应该】在天有灵的话，想必也该含笑九泉了。

综上，我们便可以根据"想必"句与前情句的形式特征、逻辑关系、认知基础与对应语义类型，由形式层面到语义层面勾勒"想必"的话语关联，如表1所示。

表1 "想必"的整体话语关联

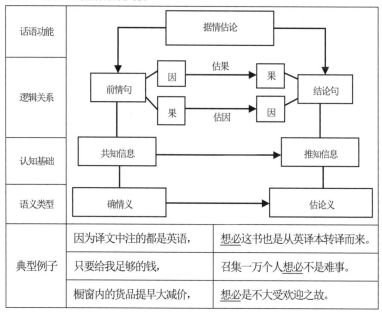

话语功能	据情估论		
逻辑关系	前情句 因 —估果→ 果 / 果 —估因→ 因		结论句
认知基础	共知信息 —————————→		推知信息
语义类型	确情义 ————————→		估论义
典型例子	因为译文中注的都是英语，	想必这书也是从英译本转译而来。	
	只要给我足够的钱，	召集一万个人想必不是难事。	
	橱窗内的货品提早大减价，	想必是不大受欢迎之故。	

可以说，"想必"句与关联句构成逻辑上的"前情——结论"关系，在认知上构成"共知——推知"关系，而在语义上形成"确情——估论"关系，从而构成形成"据情估论"的话语关联，但是，"想必"并非可以分布任何一个句子以占据结论句位置，那么，"想必"具有什么分布规律呢？

四、副词"想必"的分布规律

根据语义语法理论，理清副词"想必"的分布规律是我们提取并验证"想必"语义情态的必要手段，我们可以从句子功能、句法位置和同现成分制约三个层面定位分布。

4.1 副词"想必"的句子功能分布

从句子功能类型来看，"想必"并不能无限制地进入所有句子类型当中。调查显示，

"想必"一般分布于述说事情、表达命题,"在客观上表现为非真即假"(王维贤 1989:73)的陈述句当中,充当命题之外的模态性成分(Modal or Modality)(袁毓林 2002:315),如 0。但排斥大部分类型的疑问句(7a)和所有的祈使句(7b),这可通过插入"想必"而句子不合法得到验证。由于疑问句和祈使句"一般没有真假"(王维贤 1989:73),且表示"请求和命令"的祈使句跟"想必"表示"命题真实性的主观态度不相符合"(武梅琳 2015)。

(6)a.居民想必能够享受到这种福气。

b.想必她并没有做好准备。

(7)a.你见过他没有? →* 想必你见过他没有?

b.请给我们多提意见! →* 想必请给我们多提意见!

既然如此,那么"想必"与部分类型疑问句的同现倾向应当如何解释呢?根据句子"能否表达命题"的真假,可以发现,能够表达命题的揣度问句是与"想必"共现的唯一问句类型,而"想必"不仅不能进入以问询义句末助词"吗""么"等为标记的非揣度性是非问句(8b),而且更不能进入选择问句、特指问句和正反问句"想必"(8c/d/e)。疑问句"因疑而问,没有真假,不是命题"(王维贤 1989:321),但"想必"问句恰恰与命题相关,均表示说话人对所述命题的"半识而未明"(赵春利、孙丽 2015),对命题是否契合实际的求证与商榷,"要求答话者判断是非"(张伯江 1997)。

(8)a.这两天,她想必都跟你在一起?

b.*想必你知道自己错了吗?

c.*想必是他来,还是你来?

d.*想必今天是谁值日?

e.*想必明天是不是星期天?

"想必"对句子功能的选择倾向说明了:句子是否表达真假命题是"想必"与其能否组合的必要条件,因此,"想必"在本质上是排斥感叹句的。调查发现,在 CCL 语料库里的 1839 条"想必"的有效语料当中,带有感叹号的句子仅有 69 条,逐一比对分析发现这 69 条带感叹号的句子实质上都表达命题。而典型感叹句是不表达命题而表示说话人的主观评价和强烈的情感,却不能和"想必"同现(9):

(9)a.真漂亮啊! →*想必真漂亮啊!

b.我的天哪! →*想必我的天哪!

综上,"想必"的句子功能分布以命题句为内在规律性,即"想必"句在功能上只能表述命题，不能用于表示请求、命令等祈使行为，也不能只表达主观情感而没有命题内容的感叹，更不能向受话人索取命题内容的疑问。那么，这是否意味着"想必"可以不受限制地出现于所有的陈述句和揣度问句之中呢？其实不然。"想必"的句法分布不仅受句子功能的约束，还受到句法位置和同现成分的制约。

4.2 副词"想必"的句法位置分布

　　"想必"在句法位置分布上的规律性是怎样的呢？主流认为"想必"在句法位置上"位于句首或句中，但不位于句末"（王露 2009；李涵 2011）。我们通过副词替换比较的方法进行验证发现："想必"实际上可以位于主语前或主谓之间（10a）；而不能位于补语和句末的位置（10b/c）。除此之外，"想必"在小句主谓之间时的具体位置也存在规律性，"想必"在线性排列顺序上总体上先于其它非语气类的副词（黄河 1990），与谓语动词"关系相对疏远"（袁毓林 2002），且"想必"在与其他语气副词连用时"总是在前面"（史金生，2003）。根据调查，"想必"在小句主谓之间时，不仅在线性顺序上先于其他副词，而且同样也先于其它状语性成分。这可以通过替换法和移位法进行对比验证（11）：

　　（10）a.【想必】他们遇到了麻烦。　　→他们【想必】遇到了麻烦。

　　　　　b.【想必】雷斯林昏迷了一天。　　→雷斯林昏迷了【*想必】一天。

　　　　　c.【想必】雷斯林昏迷了一天。　　→雷斯林昏迷了一天【*想必】。

　　（11）a.爱森斯坦本人想必能【*能想必】从这种"蒙太奇的创造性作用"中得到启示。

　　　　　b.想必他能从中【*他能想必从中/*他能从中想必】得到启示。

　　既然"想必"可以出现的"句首"位置指的是线性位置上的主谓小句之前，这说明其和小句里其他句法成分"不属于同一句法层面"（张谊生 2000），具有"高位表述功能"（齐沪扬 2003），那么，"想必"的语法位置变化就不会对其语法功能产生影响。因为在同句中将"想必"从主谓之间移位至主语前"想必"的辖域依然"包括主体和动作/行为"（林华勇 2005），句义和句子功能不变（12）：

　　（12）a.马晓春想必会努力下出精彩的棋。→想必马晓春会努力下出精彩的棋。

　　　　　b.想必对方也是乱了方寸。→对方想必也是乱了方寸。

　　综上所述，"想必"可以分布于小句的句首位置或主谓之间、不能分布于小句的补语或句末位置。但是"想必"的句法位置分布并不能证明"想必"具有某种句法功能。这是因为，基于传统语法范畴观是由句法位置确定所属句法成分，语法位置变化时语法功能不变的"想必"能否修饰或限制小句实际上难以从句法上得到论证(石定栩2021),因而把"想必"的句法功能视作"高层次谓语,修饰全句"(黄国营1992)严谨性不足,但可以确定的是,"想必"是一个在句法上相对独立的副词性成分。

4.3 副词"想必"的同现成分制约

调查发现,副词"想必"对表示特定语法意义的句法成分存在选择与排斥的倾向。也就是说,"想必"除了排斥不能表示命题的句子以外,还不能无限制地进入所有表述命题的陈述句之中。当小句出现表示某些语法意义的成分时"想必"可以进入句内,而当小句出现表示另外某些语法意义的成分时,副词"想必"不可以进入,调查发现,与"想必"真正存在同现制约关系的主要是副词和句末助词两类:

第一,"想必"作为副词,在小句层面与哪些副词存在同现关系是重要的句法表征。根据"想必"与不同副词的语义相容性以及语义关系的正反,我们发现"想必"与副词的同现规律有以下两条:

一是选择推理类副词。"想必"与表示说话人顺着事理而推知结论的认知推理性副词"当然、自然、的确、确实"等同现(13);反之排斥意义相对的认知违理性副词如"居然、竟然、反而"以及事实显明无需推理的事实显明性副词"显然、明明、分明"等(13):

(13) a.想必这对于葡萄牙来说的确【*竟然】是致命的。

b.想必这些传闻确实【*反而】是伤害了他。

c.想必他当然【*显然】不愿意做白工。

二是选择认定类副词。"想必"与表示行为频率的有常性和认识情态的认定性的副词同现,而排斥与之意义相反的副词。一方面,"想必"选择表示行为有常性的频率副词如"经常、一直、不断、从未",而排斥表示行为偶然性的频率副词"偶尔、有时、不时"等,如例(14a/b);另一方面,选择表示说话人认知断言性的认定性情态副词如"一定、肯定、万万、绝对",而排斥说话人揣度待定认知取向的不定性情态副词"大概、或许、多半、恐怕、莫非"等,如例(14c/d)。

(14) a.你这几年想必【一直/*偶尔】在上海。

b.这个小女孩想必【从未/*时不时】受过有关"尊重"方面的教育。

c.想必睡眠【一定/*多半】有某种很大的益处。

d.想必大门的触感【肯定/*恐怕】是冰冷无比。

第二，句末助词方面，"想必"倾向于与表述命题的陈述义助词"的、了"共现，排斥问询真假而不做判断的问询义助词"吗、呢、么"等(15a/b)。不过，这不意味着"想必"与任何能表达陈述义的句末助词同现。经调查，"想必"排斥说话人断言情态的确信义助词"嘛""喽"，而与表示说话人待定情态的揣度义助词"吧"同现（15c/d）：

（15）a.想必她短时间内是不会回去【的/了】。

　　　b.*想必是他不愿实行【吗/呢】？

　　　c.*想必懒人以懒为天职【嘛/喽】!

　　　d.您想必有您的医生吧。

语义语法理论认为，语言在组合分布中所呈现的特征是由语法意义所决定的，这就是"语义对句法的决定作用"(邵敬敏 2004)。这些类型各异，纷繁复杂的句法成分与"想必"的同现规律正是"想必"的语法意义在句法层面的体现。"想必"在小句层面的句子功能分布、句法位置分布和同现成分制约综合体现了"想必"的语法意义。这样，我们可以确定"想必"的总体分布规律为分布于确定性命题句的外层，如表 2 所示。

表 2 "想必"的分布规律

分布\视角		选择	排斥
句子功能		陈述句	所有感叹句、祈使句
		揣度疑问句	特指问句、选择问句
句法位置		相对独立地出现于句首，或出现于小句主谓之间	位于句末，或小句补语位置
同现成分	副词	认知推理性	认知违理性、事实显明性
		行为有常性	行为偶然性
		情态认定性	情态不定性
	句末助词	陈述义	问询义
		揣度义	确信义

那么，"想必"的语法意义是什么呢？通过描写、验证与解释相结合的手段，以"想必"的话语关联和分布规律为依托，我们可以将"想必"的语法意义进行细致而系统地提取。

五、副词"想必"的语义提取

作为表示说话人对所述命题态度的"盖然性认识情态"副词（张云秋 2017），"想必"的语法意义不仅表现在说话人的认知取向上，也隐含在说话人的人际意态中。

首先，"想必"的认知取向为说话人根据已知条件进行推测、揣度、估量而得出结论的估论义，这可从正反两方面得到语言事实的验证：

正面来看，揣度义句末助词"吧"以及揣度疑问句都可以作为验证"想必"句揣度义的形式标记。如果说这些标记并非表明副词"想必"所独有，那么，以下语言现象都说明了"想必"句体现说话人很大程度上相信自己的推测是真的，但没有十足的把握，因而处于"半识而未明"（赵春利、孙丽 2015）的情状揣测状态：一是同现主观判断义高谓语"我想、认为、推测、看来"等（16）；二是"想必"句的前后关联句大量出现信源待证义标记"听说、据说"等（17）；三是"想必"句出现表示主观认定的认定义副词"一定"而排斥一系列对基于理据而断言证实的证实义副词"必定、势必"等（18）：

（16）a.【我想/我认为】，如果杜甫再生，想必会再写一首石壕新篇！

b.【据常理推测/看来】，"茴"字的四种写法想必是孔乙己的先生教给他的。

（17）a.听说他屡遭女人白眼，想必其中有缘故。

b.据说她父亲当年在战场上勇猛无比，想必他女儿也是敢做敢当的。

（18）a.身在国外，欣逢佳节，想必诸位【一定】很想念故乡亲朋。

b.经过激烈斗争和大败亏输之后，想必结果【*必定/*势必】是够惨的。

反面来看，"想必"句不能出现在凸显所述为真而无法反驳的真值显明义副词"显然、其实"的语义管辖范围当中；但是表达说话人必然性评价的副词"一定、必定、势必、肯定"等则可以进入（19）。这反面验证了"想必"句所表达的说话人认知取向不是"断言"、亦有别于必然义情态副词的"主观确信"，而是对情状半识未明的揣测状态。

（19）a.很显然，张静江此举【肯定/*想必】是蒋介石所授意的。

b.其实，宏观研究【势必/*想必】要求脱离就事论事的巢臼。

其次，"想必"在人际意义上隐含估果的商榷意态以及估因的委婉性解释意态，表示说话人向受话人商榷自己估测的结果是否属实，或向受话人委婉地解释情状发生或出现的缘由。这可以从以下两种语言现象得到证明：其一，常与"想必"所在命题句同现的揣度义句末助词"吧"以及"想必"句可以分布的揣度疑问句本身即具有或商榷或委婉性表述内容的人际意义，希望受话人对"想必"命题句是否契合实际情况做出应答

（20a/b）；其二，对于确定性命题句而言，命题句加上"想必"较于原命题句更凸显说话人认识视角的主观性，表示所述命题的非叙实性，其信度有待受话人的认证或客观事实的验证。这是因为，后续句对应的信度验证标记除了受话人肯定或否定的应答之外，还有说话人所述的符合预期叙实副词"果然"（20c）以及不合说话人预期的叙实句，以转折连词和转折义叙实副词"实际上、并非"等为标记（20d）：

（20）a. "我这四位朋友的来历，阁下<u>想必</u>已看出来了吧。"—"我早就看出来了。"

b. "<u>想必</u>你也是有的了？"—"怎么能没有？人家还抢着要呢！"

c.<u>想必</u>他的胃口不会太大，是廉价劳动力。<u>果然</u>，他没开口要价，愿意白干。

d.<u>想必</u>观众们该心满意足了吧。事实却<u>并非</u>如此，不少观众的反应是"太吵了"。

综上，副词"想必"的认知取向并不是表示说话人的某种"推断"（中国社会科学院语言研究所1978；张斌2001；齐沪扬2011），而是表示说话人根据真实或虚拟的情况估测结果或估测原因的估论义，并隐含着这一揣测有待受话人认证或客观事实验证的商榷说明和委婉释因。

每一个副词都具有自己独特的语法意义。语义语法在研究一种副词的性质时，不仅要从话语层面研究其"想必"所在的小句与前后句子之间的话语关联，也要从句法层面研究其分布规律，还要从语义层面深入分析、提取语法意义并"运用句法、词汇、对比"等手段验证论证语义提取的科学性与合理性（杨才英、赵春利2014），揭示"想必"的形式特征背后的深层规律性与"想必"的语法意义的相互关系。根据"想必"在话语层面和句法层面的形式特征，可以从正反两个方面验证"想必"的语义规律，从而提取并验证得出"想必"的话语关联和语法意义，将"想必"的整体话语关联确定为"据情推论"，其语法意义则是认知的估论义与人际隐含的商榷说明义或委婉释因义。

参考文献

崔诚恩 2002. 《现代汉语情态副词研究》中国社会科学院研究生院博士学位论文。

董秀芳 2011. 《词汇化：汉语双音词的衍生和发展》修订本，北京：商务印书馆。

高育花 2014. 揣测类语气副词"X必"的词汇化与主观化，《北方论丛》第1期：78-83。

侯学超 1998. 《现代汉语虚词词典》，北京：北京大学出版社。

黄 河 1990. 《常用副词共现时的顺序》《缀玉集》，北京：北京大学出版社，494-524。

黄国营 1992. 语气副词在"陈述—疑问"转换中的限制作用及其句法性质，《语言研究》第1期：

9-11。

李　涵 2011. 《现代汉语确定性推测语气副词研究》大连理工大学硕士学位论文。

李行健 2014. 《现代汉语规范词典》第3版，北京：外语教学与研究出版社。

林华勇 2005. 现代汉语副词语义辖域的类型，《南开语言学刊》第1期：139-149。

吕叔湘 1942/1990. 《中国文法要略》，北京：商务印书馆。

齐春红 2006. 《现代汉语语气副词研究》华中师范大学博士学位论文。

齐沪扬 2003. 语气副词的语用功能分析，《语言教学与研究》第1期：62-71。

齐沪扬 2011. 《现代汉语语气成分用法词典》，北京：商务印书馆。

邵敬敏 2004. "语义语法"说略，《暨南学报》第1期：100-106。

石定栩 2021. 主观评价词语的句法地位，《外语教学与研究》第6期：803-815。

史金生 2003. 语气副词的范围、类别和共现顺序，《中国语文》第1期：17-31。

王　露 2009. 《现代汉语确定性推测语气副词研究》上海外国语大学硕士学位论文。

王维贤、李光琨、陈宗明 1989. 《语言逻辑引论》，武汉：湖北教育出版社。

王自强 1998. 《现代汉语虚词词典》，上海：上海辞书出版社。

魏　雪、曾传禄 2016. 现代汉语"想必"的语义、语用分析，《长春理工大学学报》第5期：109-113。

武梅琳 2015. 《推测类语气副词"想必""想来"比较研究》华中师范大学硕士学位论文。

吴婷燕、赵春利 2018. 情态副词"怪不得"的话语关联与语义情态，《世界汉语教学》第3期：358-371。

杨才英、赵春利 2014. 焦点性话语标记的话语关联及其语义类型，《世界汉语教学》第2期：170-180。

袁毓林 2002. 多项副词共现时的语序规律及其认知解释，《语言学论丛》第26辑：313-339。

张　斌 2001. 《现代汉语虚词词典》，北京：商务印书馆。

张伯江 1997. 疑问句功能琐议，《中国语文》第2期：104-110。

张谊生 2014. 《现代汉语副词研究》修订本，北京：商务印书馆。

张云秋、林秀琴 2017. 情态副词的功能地位，《首都师范大学学报》第3期：120-129。

张则顺 2012. 现代汉语确信情态副词的语用研究，《语言科学》第11期：26-36。

赵春利、钱　坤 2018. 副词"几乎"的分布验证与语义提取，《语言教学与研究》第3期：82-92。

赵春利、孙　丽 2015. 句末助词"吧"的分布验证与语义提取，《中国语文》第2期：121-132。

中国社会科学院语言研究所词典编辑室 1973. 《现代汉语词典》试用本，北京：商务印书馆。

朱　丽 2005. 《揣测语气和揣测语气副词》上海师范大学硕士学位论文。

Vennemann, T. 1975. Topics, sentence accent, ellipsis: A proposal for their formal treatment, in E. L. Keenan (ed.), *Formal Semantics of Natural Language*, Cambridge: Cambridge University Press.

认知视角下的汉语"鳗鱼句"研究

孙艺珊

（神户市外国语大学）

摘要：本文考察了汉语"鳗鱼句"的语境条件、语义模式及生成理据。对问题的主要认识为：首先，汉语"鳗鱼句"是对语境条件依赖度较高的一类句式。当汉语"鳗鱼句""是"前后主词和宾词的概念联系属于物理、语言语境知识时，"鳗鱼句"的成立依赖于陈述性语义的实现，尤其是当主词、宾词的概念联系为语言语境知识时，表陈述的成分一般明示于"鳗鱼句"的前后文；当主词和宾词间的概念联系能够构成百科语境知识时，汉语"鳗鱼句"的成立就无需依赖陈述性语义的实现。其次，不仅对"鳗鱼句"的语义关系的正确识解有赖于语境条件，"鳗鱼句"的指别义的表达也是需要一定的语境条件的。 最后，以高可及度的成分作为谈话的起点是语言的普遍倾向，也是汉语"鳗鱼句"生成的语用动因。另外，汉语"鳗鱼句"不能被简单地视为是与其真值条件相同的判断句的省略形式，而是有着独特的表述功能和生成动因的独立构式。

关键词：鳗鱼句 语境条件 语义关系模式 指别 语用动因

一、引言

1.1 问题的提出

　　"鳗鱼句"一直被认为是日语里独有且常用的表述方式。近年来，已有学者指出："鳗鱼句"也存在于诸如英语、汉语等语言中，但其他语言中的"鳗鱼句"用法与日语"鳗鱼句"差异较大，很多时候不可相提并论。日语学界有关"鳗鱼句"的研究成果甚丰，不过，已有研究大多是从构式还原的角度去探寻这一句式的来源，鲜少有人从认知的角度去说明"鳗鱼句"的使用条件和表述功能。我们看到，汉语"鳗鱼句"的成立及使用往往与语境有关，汉语"鳗鱼句"作为一类非典型的判断句，其生成也有着自己的语用动因。因此本研究拟从认知的角度去研究汉语"鳗鱼句"的语境条件、语义模式及生成理据。

1.2 汉语"鳗鱼句"的初步界定与先行研究

　　严格地说，学界并未对"鳗鱼句"做出非常明确的定义，但通过先行研究我们可知，典型的"鳗鱼句"是指"私はウナギだ"或是"六本木は溜池だ"这样的句子。有关"鳗鱼句"的限制条件，高本條治（1995）和陈访泽（1997）都指出"鳗鱼句"是均需倚赖一定语境才能成立的语句；崛川昇（1983）指出"鳗鱼句"是指句式为「AはBだ」且不构成 A⊆B 关系的句子。西山佑司（2001）在此基础上进一步将缩小了"鳗鱼句"的范围，将其定义为句式是「AはBだ」，其中 B 是一个变项名词所表示的值，且 A、B之间不存在A∈B 或 A⊆B 的关系的句子。

在汉语学界，诸如"我是208号房""我是美国太太，他是日本太太"之类的句子通常被视为汉语中的"鳗鱼句"。不难看出，判断动词（又称"系词"）"是"的使用是汉语"鳗鱼句"成立的必要条件。可是，"是"字句种类复杂繁多，人们很难将汉语"鳗鱼句"归于其中某个类别。相对而言，有关汉语"鳗鱼句"的先行研究不是太多，学者们更是尚未在其界定问题上达成共识。根据王力（1985），典型的判断句是指"用来断定主语所指和谓语所指同属一物，或断定主语所指的人、物属于某一性质或种类"的句子。而汉语"鳗鱼句"的主语和谓语的语义关系模式则与典型的判断句不同，在此意义上说，这应为一类特殊的判断句。陈访泽、黄怀谷（2015）曾述及汉语"鳗鱼句""是"前后成分（主词和宾词）的限定条件，提出"是"前后成分需为名词或名词短语。不过，通过考察我们发现，其他体词性成分也可充当汉语"鳗鱼句"的主词和宾词，例如："我是三个，他是四个"（宾词为数量词）、"三点是我，四点是他"（主词为时间词）。除此之外，还需注意的是，可被看作作为辞格的暗喻说法的判断句是不应被视为汉语"鳗鱼句"的，如"人是铁，饭是钢""我们是祖国的花朵"，在讨论"鳗鱼句"时，应把这类句子排除在外。基于以上三点认识，笔者对本文所讨论的汉语"鳗鱼句"作出如下界定：

a 含有判断动词"是"

b "是"前后成分（主词和宾词）为体词性成分

c "是"前后成分（主词和宾词）之间不存在等同或包含关系

d 语义上不构成作为辞格的暗喻

在我们所读到的先行研究中，研究者对本文所讨论的"鳗鱼句"的看法还是存在较大的差异的。例如，王力（1985）将此类句式视为不合逻辑的判断句，并且认为这种句式的出现是由于语言的经济要求所致；赵元任（1979）指出汉语的词语省略可以致使主语和谓语的关系极其松散，针对这一现象所指事例就是我们所讨论的"鳗鱼句"。当然，上述著述只是将"鳗鱼句"作为所阐述现象的一类特例来看待，而并未对其做更多的说明。陈访泽、黄怀谷（2015）从语言经济性角度讨论了日汉"鳗鱼句"现象。该文认为，在日语里我们之所以可以用"私はラーメンだ"去替代语义成分更齐全的"私はラーメンを食べる"，是因为前者存在语言省力成效。而在汉语里，"吃"和"是"都为单音节词，用"我是拉面"的说法去替换"我吃拉面"不仅不存在语言省力成效，且有触犯听话人基于"Q原则"（Quantity Principle）理解语言信息的风险，"所以正常人都不会采取这种具有损人不利己风险的语言行为。"可是，在我们看来，"我是拉面"之类的"鳗鱼句"也是有其适用语境的。更进一步说，语言经济性原则只能算作使用"鳗鱼句"的一个语用动因，而不能被看作汉语"鳗鱼句"的生成理据，更不是使用汉语"鳗鱼句"的充分条件。可以说，目前有关汉语"鳗鱼句"的使用条件和表述功能等问题的研究还是不够充分的。

二、汉语"鳗鱼句"的语境条件

2.1 语境条件分析

在餐厅点餐时，日语可以用"私はウナギだ"（我是鳗鱼）来表示自己所要的餐食，但汉语无法使用"我是鳗鱼"这样的说法点餐。可是，在某些语境中，汉语也可使用"我是鳗鱼"之类的表述，具体情况如下。

（1）服务员：来点儿什么？

　　*A：我是鳗鱼。

　　B：我要鳗鱼。

（2）服务员：再重复一下您点的餐好吗？

　　A：我是鳗鱼。

（3）服务员：这些菜都是哪位的？

　　A：我是鳗鱼。

　　B：我是龙虾。

在上述会话中，例（2A）（3A）可以用作答句，而（1A）则不能直接用作答句。在例（1）的发话场景里，"我要鳗鱼"是对于自己希望得到什么做出的陈述，其中动词"要"为行为动词。正是通过这一陈述，"我"和"鳗鱼"之间"点餐者"和"所点餐食"的关系才能被构建起来。另一方面，通过语境不难看出，例（2A）和（3A）是在"点餐"这一环节完成的情况下发生的对话。其中的"鳗鱼"均是指称先前"我"所点的餐食"鳗鱼"。这时,"鳗鱼"和"我"之间已经构建起"点餐者"和"所点餐食"的关系,而为二者建立联系的正是"我要鳗鱼"这一陈述性语义的实现。可以说,正是由于"我要鳗鱼"这一陈述性语义的实现,"我是鳗鱼"这一表述才得以成立。因此,"我是鳗鱼"这一汉语"鳗鱼句"在例(1)的语境中不能使用,在例(2)(3)中可以使用。

那么,"我是鳗鱼"这一表述是在表陈述的"我要鳗鱼"这一语义实现的基础上使用的,是不是就意味着所有的汉语"鳗鱼句"都需要以"陈述义"的实现为基础呢?通过考察,我们发现并非如此。事实上,"陈述义"实现的必要性与鳗鱼句"是"前后的主词和宾词的语义关系的密切程度呈反比。请对比下面几个例句。

(4)A　老王是美国太太。

　　B　我是鳗鱼。

　　C　不是北京我不去。我总也不是北京,你们领导总是北京!(霍四通,2019)

语言学家 Saeed(1997)将语言交际中的语境知识分成三类:1)从背景或共享知识中可以找到的;2)从物理语境中可以估计到的;3)从已经说出的语句中可以找到的。不难看出,这三种语境知识里涉及到的语境所对应的正是 Ariel(1990)对语境做出的三种分类——百科语境、物理语境和语言语境。Ariel(1990)认为第一种语境存在于人的长期记忆中,后两种语境存在于人的短期记忆和工作记忆里,而"指称行为在很大程度上依赖语境以及说话人和听话人的一些推算。"例(4A)的"老王和美国太太",即"丈夫和太太"这一对概念的强联系性属于百科语境知识,无论是在何种语境下,这一百科语境知识都不会失效。同时因为这对概念的强联系性,使得听话人听到"老王"时,"他的太太"相较于其他相关概念的"可及度"(Accessibility)更高。因此,听话人很容易推算出"美国太太"的指称对象其实是"老王的太太"而非"老王"。也因"丈夫和太太"这对概念的强联系性,致使"我是美国太太"这一表述可单独成句,作为其前提的陈述性语义的事先实现并不是必要的。

例(4B)中的"我"和"鳗鱼"的联系则属于物理语境知识,这一语境知识存在于人的短期记忆里,脱离了相应的物理环境,这一知识便不再存在。具体地说,对于"我"和"鳗鱼"来说,只有在餐馆等特定物理环境下,其"点餐者和所点餐食"的关系才能被听话人所识解。在这种情况下,"是"前后的主词、宾词的联系相对松散,通常需要在特定环境下施行相关动作或是以表陈述的语言行为去建立并明确其联系,如事先发出"我要鳗鱼"这样具有陈述义的语言行为,或是在电子平台等特定环境下点餐等。

例（4C）中的"领导"和"北京"之间的概念关系属于语言语境知识，语言语境知识的获取途径是话语所在的前后文，这一语境知识会随着语篇长度的增加而失效。例（4C）中"领导"和"北京"之间真正的联系是"领导总去北京"，而这一意思只有通过前文的"不是北京我不去"才能得以明晰。在这种情况下，"是"前后的主词、宾词的概念联系极其松散，其关系需要倚赖前后文才能得到识解，因此表陈述的话语的出现几乎是必然的，且陈述性话语一般应在紧邻"鳗鱼句"的前后文中出现。

当然，对汉语"鳗鱼句"的语境条件做出以上区分，并不意味着三者完全是独立的，其实，汉语"鳗鱼句"常常是在不同的语境条件的交错作用下出现的。例如，在美术馆一位参观者对另一位参观者说："你不要把他们画的东西搞混了，梵高是向日葵，莫奈才是睡莲。"此时，主词和宾词（"梵高"和"向日葵""莫奈"和"睡莲"）的关系既为人们已掌握的百科知识，宾词的所指对象"向日葵"和"睡莲"两幅画作又存在于真实的物理环境中，同时，谓词性成分"画"还出现在"鳗鱼句"所在前后文也即语言语境中。因此可以说，百科知识语境、物理环境和语言语境作为语境条件并不是相互冲突的，在分析汉语"鳗鱼句"时可将其置于多角度的分析框架中。

2.2 语境条件不同的"鳗鱼句"的变换式

根据王力（1985），诸如汉语"鳗鱼句"之类的句子属于不合逻辑的判断句，而且只有认为说话人的话语有所省略，并且能把省略的成分补出，这类语句才能在逻辑上讲得通。由此可见，我们通过添加成分的方式，是可以将汉语"鳗鱼句"变换为与其真值义相同的"合乎逻辑"的判断句的，即可将其变换为主词和宾词所指同属一物的判断句。

前已述及，当汉语"鳗鱼句"的主词和宾词的概念关系无法构成百科语境知识时，"鳗鱼句"的成立则有赖于陈述性语义的实现。因此我们有理由认为在这部分"鳗鱼句"里，可添加的部分与表陈述的谓词有关。同时，根据朱德熙（1983）等的观点，"的"加在谓词性成分之后，谓词性成分的功能就会由陈述转化为指称。为确保鳗鱼句主词语义的完整及其指称性特点，我们把"V 的"这一结构加在"是"前主词之后，以使"鳗鱼句"变换成主谓所指同属一物的判断句。我们看到，基于不同的语境条件生成的"鳗鱼句"，其变换方式是有所不同的。

具体地说，当汉语"鳗鱼句"中主词和宾词的概念联系强度能够构成百科语境知识时，汉语"鳗鱼句"不必倚赖陈述性表述的实现也能成立，因此无法断定补出的成分一定为"V 的"结构，有时也可为"NP"。例如：

（5）我（娶的/太太）是美国太太。

当"是"前后主词和宾词的概念关系属于物理语境知识时，陈述性谓词并不一定明确出现，因此被补出的"V的"成分通常并不一定是唯一的。例如：

（6）<u>我是鳗鱼</u>，可别上错了。

（6）'我（点的/要的/……）是鳗鱼。

（7）（表演曲目时）原来<u>你是德彪西</u>，不是肖邦啊！

（7）'原来你（弹的/选的/演奏的/……）是德彪西。

例（6）中的"我是鳗鱼"补出的"V的"成分可以是"点的""要的"等等；例（7）中的"原来你是德彪西"可补出的"V的"成分也有可能是"弹的""选的""演奏的"等等。当然，在特定的语境中，可以补出的"V的"成分的范围还是相对明确的。

当汉语"鳗鱼句"中"是"前后主词和宾词的概念关系属于语言语境知识时，可被补出的"V的"成分通常是唯一的，此时被补出的谓词指向"鳗鱼句"所在前后文中的陈述性成分。例如：

（8）大家都收到了礼物，<u>汤姆是小汽车</u>。

（8）'汤姆（收到的）是小汽车。

（9）"他有问题，是他上诉的。""<u>我是事实</u>，"雷切尔承认这一点，想起了莫尔图利第一次来访时也做了类似的否认和指责。（欧文·华莱士《三海妖》）

（9）'我（上诉的）是事实。

（10）也卖不了多少钱，三万五万。不过，<u>彭哥哥的画是美金哦</u>。（陈访泽、黄怀谷，2015）

（10）'彭哥哥的画（卖的）是美金哦。

例句（8）'（9）'和（10）'里被补出的"V的"成分"收到的""上诉的""卖的"中的谓词，均为"鳗鱼句"前文所出现的谓词性成分。

总之，在变换为与其真值义相同的所谓的"合乎逻辑"的判断句时，基于不同的语境条件生成的鳗鱼句的变换方式是有区别的。

三、汉语"鳗鱼句"的语义模式

3.1 客观陈述判断句的语义模式

张黎、于康（2000）将表示说话人对两个指称性成分间关系认定的判断句称为客观陈述性判断句，并将其语义模式区分为指别和说明两种。该文认为从逻辑学的角度来看，指别性判断句的"是"后名词性成分所指的外延小于"是"前的名词性成分，说明性判断句则与此相反。该文还将指称性名词成分的含属关系排序如下，以此来明确名词性成分所指外延的大小。

图 1 指称性名词成分的含属关系（张黎、于康，2000）

也就是说，当判断句中"是"前名词性成分比"是"后名词性成分更具体时，"是"前成分外延小于"是"后成分，其所在判断句的语义模式为说明，反之则为指别。如：

那个是鳗鱼。（说明性判断句）

我要的是鳗鱼。（指别性判断句）

与此相关的是，吕叔湘（1984）提到，对"谁是张老三"这一问句有两种可能的解读，一种是要求在一群人中指出张老三这个人，另一种是要求说明张老三这一人物，前者是指别性问句，而后者是说明性问句。按照吕叔湘先生的说法，针对"谁是张老三"这一问句，倘若听话人在一群人中指着某一人说"那个就是张老三"，那就无疑是用了一个指别性的判断句作为答句，而倘若听话人说"那天给你脸色看的就是张老三"，则是用了一个说明性的判断句作为答句。可以看出，按吕先生给出的标准对以上两个答句的语义模式做出的判定，与以张黎、于康（2000）给出的标准所做出的判定是有区别的。简单地说，张黎、于康（2000）是根据名词的指称对象的外延这一固有属性来对指别和说明加以区分的，而吕先生则认为"指别"和"说明"的区别应与说话人的发话意图有关。更进一步也可以说，我们对"指别"和"说明"这两个概念的理解，其实还是存在一些矛盾的。

3.2 "指称""区别"与"指别"的含义

在我们看来，要明确"指别"的含义，首先就有必要明确"指称""区别"和"指别"这三个概念间的关系。王义娜（2003）指出，指称关系是我们表示所指人、物时所使用的词语"和"所指对象"在特定语言环境中建立的对应关系。陆丙甫（2003）也指出，"指称性是指成分和外部世界的所指关系。"区别则"隐含着跟语境中同类事物的对比，而'指称'并不强调对比。"关于指别，限于我们的阅读范围，学界并没有给出非常明确的定义。不过，在《现代汉语知识辞典》（张清源等，1990）中，"指别词"被定义为"代词中表示指示和区别的词，它可以表示相对的区别作用"。陆丙甫先生更是认为在不需或难以区分两者的情况下，"指别性"这个术语可以概括"指称性"和"区别性"。

我们对以上著述稍加整理便可看出，"指称"是指用语言成分去指代存在于外部世界的某人或某物，其描述的是语言和外部世界之间的对应关系，而并不涉及"区别"步骤。而"指别"则包含"指称"和"区别"两套程序，即既要用语言去指示客观存在的外界事物，又要在认知中对其进行区分。而"外延"是一个相对客观的概念，无论判断句中"是"前后成分的外延是大是小，都无法体现出说话人在认知里进行"区分"的过程。基于这一原因，我们认为单纯以"是"前后成分的外延的大小来判定判断句的语义模式是略显不足的。

3.3 "什么是NP"的两种语义模式

那么，一个客观陈述判断句究竟要满足怎样的条件，才能被称为指别性判断句呢？吕叔湘（1984）提到，"谁是张老三"这一问句有指别和说明两种功能，而"什么是爱情"则无法表指别，只能表说明。其实，我们不妨把"爱情"换成其他词语，便能看出"什么是NP"实际上也可有指别和说明两种功能。例如：

（11）什么是根本原因？

对例（11），我们可以做出两种解读，一种是说话人不明白"根本原因"这一名词的含义，另一种为说话人问听话人某事发生的根本原因是什么。前一种意思相当于吕先生所说的"什么是爱情"，也相当于表说明的"谁是张老三"，此时说话人是在针对一个概念而向听话人寻求对这一概念的认识。而后一种意思，即"说话人问听话人某事发生的根本原因是什么"，相当于表指别的"谁是张老三"，而这种"指别"义的呈现是需要一些必要条件的。请先看例句：

（12）什么是该物质无法燃烧的根本原因？

通过例（12），我们可以解释"什么是 NP"的指别义呈现的必要条件。学过化学的人都知道，实现物质燃烧的三要素是"可燃物、氧气和达到燃点"。诚然，在现实中无法使物质燃烧的原因是多种多样的，比如一个可燃物被证实是假冒伪劣产品。但我们所掌握的知识通常会让我们将无法引起物质燃烧的原因范畴化为三类，即要么缺少可燃物，要么没有充足的氧气，要么温度没有达到可燃物的燃点，而这三类原因相比于其他较为偶发的原因（比如可燃物是假冒伪劣产品），显然在人的认知中更具有"显著性"。例（12）中，"什么是根本原因"这一问法能够成立的根源，就在于说话人在头脑里预设了这一问题的答案的可选范围，即"根本原因"可能有哪些。

回到"谁是张老三"这一问题，其之所以能够表指别，也是因为听话人预设"张老三"的可能人选就在现场人群中，为此，才能要求听话人从人群中指认出"张老三"。从这一角度来说，几种无法引起燃烧的"根本原因"与指认"张老三"时的现场人群的作用是一样的。说话人在以指别性疑问句的形式发问时，在头脑中是存在一个区别性序列的，这一序列为答案提供了可选项。只是与前者相关的序列是基于说话人固有的知识体系形成的，而与后者相关的序列是由当下的"物理语境"决定的。如果说话人在发问时头脑里缺少这种区别性序列，表指别的"什么是 NP"就很难成立。例如：

（13）   *什么是金门战役失败的根本原因？

（13）＇金门战役失败的根本原因是什么？

很明显，例（13）不够自然的原因就在于导致一场历史战役失败的因素是多种多样的，这些因素很难在听说双方的大脑中形成共识或者说被特定化，除非说话人在前后文明确列出了可供听话人选择的几个选项。例如：

（14）什么是金门战役失败的根本原因？我方太弱还是敌方太强？

在（14）中，说话人头脑里的区别性序列（"我方太弱"和"敌方太强"）就明确存在于"语言语境"也即疑问句所在前后文当中。

3.4 汉语"鳗鱼句"的语义模式

从上述分析我们可以看出，"什么是 NP"除了可为"说明"性疑问句，也可为"指别"性疑问句，其指别性语义实现的前提是在发问时，说话人已在认知中形成了一个区别性序列，而且这一序列已经成为听说双方的共识。从这一区别性序列中选出特定项的过程即满足了我们前文所说的"指别义"实现的必要条件：区分。如前所述，这种区别性序列可以存在于人的知识结构中，也可以存在于物理语境或语言语境中。事实上，这一区别性序列的构成甚至可以不那么明确，而其明确程度如何，则往往与句子的适用范围有关。例如：

（15）　我喜欢的是红色。（不是其他颜色。）

（15）'我喜欢的是玫瑰红。

在不考虑语境的前提下，我们能够感到例（15）的适用比（15）'更强。这是因为"红色"在绝大数语言中都是基本颜色词，提起"红色"，人们会认为这是不同于黄、蓝、白、黑等颜色的一种颜色，也就是说，"红色"很容易激活我们头脑中有关基本颜色的区别性序列。而说到玫瑰红，很多人很难在头脑中建立起一个固定的区别性序列。当然，（15）'也并不是在任何情况下都不能表指别的。简单地说，如果这句话是在以讨论"红色"为语境的前提下说出的，那么，"玫瑰红"便可视为是区别于其他种类的红色的一种颜色，此时"玫瑰红"便能激活人的认知中属于"红色"范畴的区别性序列，即使各类红色在人的认知中没有固化为一个个明确的名称，但人们仍然可将"玫瑰红"识别为区别于其他红色的一类红色。

以上两种情况的区别如下表所示：

表1 说话人认知中被激活的两种序列

	说话人认知中被激活的区别性序列
我喜欢的是<u>红色</u>。	红　黄　蓝　绿　黑　白 语言中的基本颜色词
我喜欢的是<u>玫瑰红</u>。（以谈论红色为语境）	玫瑰红　　　其他种类的红色

下面我们回到有关鳗鱼句问题的讨论。前已述及，汉语"鳗鱼句"的使用需要具备一定的语境条件，即依赖于"百科语境""物理语境"和"语言语境"。实际上，这三类语境不仅为听话人解读主词与宾词之间的关系提供了条件，同时也为指别性"鳗鱼句"的生成提供了语义与认知基础，也就是说，作为指别性"鳗鱼句"的生成基础的区别性序列通常就存在于这几类语境中。例如，在听到"我是美国太太"时，我们所具有的百科知识不仅会让我们正确识解"我"与"太太"的关系，而且"美国太太"还能够激活我们头脑中的一个序列（来自不同国家的"太太"），从这一序列中挑选出特定项即发出"我是美国太太"这一话语行为便为指别的过程；在说"三号桌是鳗鱼"时，由于宾词"鳗鱼"的所指对象即餐馆里的菜品是存在于真实的物理语境中的，而这一物理语境

中还存在着其他同类事物也即其他菜品，这些菜品构成了一个序列，说话人从中挑选出特定项的过程亦为指别；在"你们昨天晚上吃的是什么？中餐、西餐还是本地菜？——我是中餐。"之类的对话中，"中餐""西餐"和"本地菜"直接出现在语言语境也即"鳗鱼句"的前后文中，从而构建起为听说双方所共知的区别性序列，因此"我是中餐"这一指别性鳗鱼句便有了成立的可能。

可以说，从语用的层面上看，百科、物理、语言三种语境可使听话人对汉语"鳗鱼句"中的"主词"和"宾词"的联系做出正确的解读，不致让听话人对"鳗鱼句"的意思产生误解；从语义层面上看，语境所提供的区别性序列又是汉语"鳗鱼句"的指别性语义实现的基础。也正因为如此，汉语"鳗鱼句"对语境有着较高的依赖度，同时也有着独特的表述功能。

四、汉语"鳗鱼句"的表述特征及其生成的语用动因

按照构式语法理论"所见即所得"的主张，"鳗鱼句"不应单单被看作语义及成分完整的判断句的省略形式，而是有着独特表述功能的独立构式，而这种独立的表述功能主要就体现在对主词和宾词间关联关系的强调上。

按照认知语法所倡导的"距离象似性"原则（Iconicity of Distance），"表达式之间的语言距离对应于它们之间的概念距离"（陆丙甫，2020）。因此，在语言表达式中，两个成分的距离越近，应越能凸显其之间的概念联系。与所谓成分齐全的非省略形式相比，"鳗鱼句"的主词和宾词之间的距离更近，其关联关系的表达也就更为直接，听说双方也就更容易建立起有关二者的语义关联模式。

同时，我们也看到，在汉语"鳗鱼句"中，"是"前主词多为人称代词，如"我是鳗鱼""他是美国太太"等。将人称代词作为汉语"鳗鱼句"的说明对象也即话题，是因为人称代词具有高"可及度"的特点。我们知道，"可及度"最初作为心理学概念被引入语言分析中，其通常是指一个人在说话时从大脑记忆系统中提取一个语言或记忆单位的便捷程度。李劲荣、范开泰（2005）曾述及名词性成分的可及度等级，即：即代词的可及度高于一般名词，有生名词的可及度高于无生名词，具体名词的可及度高于抽象名词。这一等级序列也就是目前学界所普遍认可的序列。陈新仁（2008）进一步指出，"说话人在默认情况下使用指称表达时遵循最高可及性原则：所选择的指称表达式应该能让听话人充分辨认指称对象，同时不会让听话人花费不必要的努力。"可及度高也就

意味着某一概念更容易被关注、被提取，因此更易充当说明的对象也即话题，选择高可及度的成分作为话题也即谈话的起点，应当说是语言的普遍倾向，而"鳗鱼句"的主语大都具有这样的特点。

五、结语

综上所述，本文初步考察了汉语"鳗鱼句"的语境条件、语义模式及生成理据。对问题的主要认识可归纳如下：

首先，当汉语"鳗鱼句""是"前后主词、宾词的概念联系属于物理、语言语境知识时，"鳗鱼句"的成立依赖于陈述性语义的实现，尤其是当主词、宾词的概念联系为语言语境知识时，表陈述的成分一般明示于"鳗鱼句"的前后文；当主词、宾词间的概念联系能够构成百科语境知识时，汉语"鳗鱼句"的成立就无需倚赖陈述性语义的实现，此时"鳗鱼句"可独立存在。

其次，一般来说，汉语"鳗鱼句"应为指别性判断句，听说双方所共知的区别性序列的存在是其指别义得以呈现的基础，而区别性序列或存在于百科知识语境中，或存在于物理、语言语境中。由此看来，不仅对"鳗鱼句"的语义关系的正确识解有赖于语境条件，"鳗鱼句"的指别义的表达更是需要一定的语境条件。为此，可以说，汉语"鳗鱼句"是对语境条件依赖度较高的一类句式。

最后，以高可及度的成分作为谈话的起点是语言的普遍倾向，也是汉语"鳗鱼句"生成的语用动因。另外，汉语"鳗鱼句"不能被简单地视为是与其真值条件相同的判断句的省略形式，而是有着独特的表述功能和生成动因的独立构式，这符合认知语言学所倡导的"非同义性原则"（Principle of No Synonymy）。有关"鳗鱼句"同与其真值条件相同的判断句的区别，本文没有进行详细讨论，这将是我们今后继续关注的问题。

参考文献

陈访泽，黄怀谷 2015. 从语言经济性原则看汉日鳗鱼句的异同点，《汉日语言对比研究论丛》第 2 期。

陈新仁 2008. "转喻"指称的认知语用阐释，《外语学刊》第2期。

霍四通 2019. 汉语中的'鳗鱼句'，《语言文字周报》。

李劲荣, 范开泰 2005. 状态形容词的可及性等级及连用顺序, 《南昌大学学报(人文社会科学版)》第 3 期。

陆丙甫 2003. "的" 的基本功能和派生功能——从描写性到区别性再到指称性, 《世界汉语教学》第 1 期。

陆丙甫, 陈平 2020. 距离象似性——句法结构最基本的性质, 《中国语文》第 6 期。

吕叔湘 1984. "谁是张老三?" = "张老三是谁?" ?, 《中国语文》第 4 期。

王力 1985. 《中国现代语法》, 北京: 商务印书馆。

王义娜 2003. 话语指称的认知构建与心理空间可及性, 《上海外国语大学学报》第 5 期。

张黎, 于康 2000. 汉语指称性成分的等级分类及其对判断句的影响, 《语法研究和探索》第 10 期。

赵元任 1979. 《汉语口语语法》, 北京: 商务印书馆。

张清源等 1990. 《现代汉语知识辞典》, 成都: 四川人民出版社。

朱德熙 1983. 自指和转指——汉语名词化标记 "的、者、所、之" 的语法功能和语义功能, 《方言》第 1 期。

陳訪澤 1997. 日本語の分裂文とウナギ文の形成について, 《世界の日本語教育》第 7 号。

高本條治 1995. 「ウナギ文」の語用論的分析—文脈における語彙統合構造の発展と拡張—, 《上越教育大学研究紀要》第 1 号。

崛川昇 1993. 「僕はうなぎだ」型の文について—言葉の省略, 《実践国文学》第 24 号。

西山佑司 2001. ウナギ文と措定文, 《慶応義塾大学言語文化研究所紀要》第 33 号。

Ariel,M. 1990. Accessing Noun Phrase Antecedents. London: Routledge.

Lyons,John. 1977. Semantics. Cambridge: Cambridge University Press.

Saeed,J.L. 1997. Semantics. Oxford: Black Well.

一动一述谓

金昌吉

（大阪产业大学）

摘要： 本文利用述谓关系的理论和方法分析了汉语的可能补语及其与之相关的可能表现（主要是能 VC）。我们认为，汉语的句子中，只要有一个动词，就一定有一个述谓关系的存在。动结式 VC 由两个动词性成分组成，因而也就有两个述谓结构存在。两个述谓结构可分可合，分则可以侧重动作的不同阶段，将焦点放在结果之上；合则构成一个事件从而便于整体观察和分析。助动词 "能" 属于高阶谓语，架构于整个事件结构之上，而 "得/不" 则仅仅对第二个述谓起作用，两者无论是在语义范围还是句法框架上都不具有对等的地位。

关键词： 述谓关系　能性范畴　动结式　可能补语

引言

　　笔者（金昌吉 2003）曾利用论元（Argument）以及述谓关系（Predication，John Bower 2001）的理论和方法分析了汉语的 "V 得 C" 结构。主要理论基础是，"论元是句子中与动词相关的体词性成分，而述谓（Predicate）对应的是谓词性成分，它是一个不自足的成分，必须与另一个实体表达（即论元）结合以构成一个命题(a predicate is an unsaturated expression that must combine with an entity expression to form a proposition)。而述谓关系（Predication）是指主语（Subject）和述谓成分之间的关系，述谓是实体，述谓关系是关系（Baltin, M.&C.Collins 2001：298）。" 在此理论基础上，笔者还进一步提出了自己的理论假设，"即：在汉语的句子表达中，只要有一个谓词性成分（助动词、趋向动词以及一些虚化的谓词性成分除外）的存在，就一定有一个述谓关系存在（如果句子中没有陈述向指称的转化的话）。述谓关系可以相互包孕或者连缀，也就是说两个或两个以上的述谓在同一个句子中可以通过一定的语法手段联系在一起。"（金昌吉 2003：208）

　　需要注意的是，必须避免把述谓与传统语法的 "谓语" 直接画上等号，因为述谓结构的分析是在深层语义关系的基础上进行的。述谓结构的语义分析，与成分分析相互关

---

[1] 主要相关理论背景也请参看金昌吉 2003 的参考文献。

联并起补充作用,主要目的是要对句子语义作出深入描写。述谓是述谓结构的必需成分,而相关论元则可以省略,数目也可以变化(杰弗里·N·利奇 1987:175-184)。

本文将在以上理论基础以及假设框架内,进一步分析汉语的可能补语及其与之相关的可能表现(主要是"能+动词+补语")。因为可能补语主要派生于"动结式"("动词+结果补语/趋向补语",参看袁毓林 2001,施春宏 2008,宋文辉 2021),为了讨论的方便,我们将在以下的论述中把动结式简化为 V1+V2(有时也直接记作 VC),而把可能补语记作 V1+得/不+V2(或 V 得/不 C)。由于我们主张"一动(包括形容词)一述谓",所以,有时 V 也可能会直接写作 P(述谓)。

一、坚持以述谓为中心

在我们看来,汉语的实词可概括分为两大类:一类是表静的词语(包括传统的名词、代词以及性质形容词等,如山、人;这个、那个;我、你、他;白、干净等);而另一类则是表动的词语(包括传统的动词以及状态形容词,如打、去;很高、干干净净等)。从哲学的角度来讲,世间之万事万物,动是绝对的,静则是相对的。时空转动,万事万物的形态就会随之变化。动是触发及造就变化的力量,而静是给动提供安定的环境。因此,表动的词语在语言分析中成为关注的中心和焦点是必然的。

无论是传统语言学还是现代语言学理论都非常重视动(谓词)与静(名词类)的关系,特别是早期的语法研究中尤重谓词与主语之间的关系。《马氏文通》的句读说中就极为重视"起词"(主语)和"语词"(谓词)的关系。"凡字相配而辞意已全者,曰句"(马建忠 1898/1983:24)而"凡所以达意,莫要于起词与语词耳。""要之起词语词两者备而辞意已全者,曰句。"与之相对的是"读"的概念:"凡有起、语两词而辞意未全者曰读。"(马建忠 1898/1983:28)。简而言之,具备主语和谓词的结构,如果直接可以表达"心中之意"的,那就是句子(相当于我们现在所说的主谓句),而虽具备了主语和谓词,但还不足以完整地表达说话者要表达的"心中之意"的,那就是"读"(大体相当于具有主谓语义关系的短语)。吕叔湘后来提出的"词结"概念也基本上承继了这种认识,"主语和谓语的关系是结合关系","结合关系又可以称为造句关系","句子是独立的表现单位,可是以结合关系相配合的词群有时不独立成句,例如「你看见过鸟飞?」这里面的「鸟」和「飞」之间是结合关系,「鸟飞」本可独立成句,但在这句里不独立。凡是主语和谓语的结合,不论独立与否,可以总称为「词结」。句子是独立的词结。"（吕叔湘 1942-1944/1982：22-23）。

而到了 1979 年，吕叔湘在《汉语语法分析问题》一书中虽已不再强调主谓短语的重要性了，但还是对动词在句中的作用极为重视，他明确指出："推而广之，可以说凡是动词短语都有主谓短语的作用，因为只要有动词，就有'表述（predication）'，这个动作系属于哪个事物，总是可以从上下文推定的，不管有没有代表这个事物的名词（或代词）安在动词的前边。"（吕叔湘 1979：111）吕叔湘的"只要有动词，就有'表述（predication）'"的这一认识与我们的理论假设已经极其吻合了。

生成语法发现了名词短语和动词短语之间在句子底层的形式对应，而认知语法则强调主语和谓语在概念上存在"界性"对应。近年来，沈家煊在系列文章的基础上先后出版了两部专著（沈家煊 2016, 2019），力主汉语研究要摆脱传统语法观念的束缚，提出了"名动包含"、"超越主谓关系"等全新主张，引起了学界不小的震动。不过，不管是"名动包含"也好，还是"超越主谓关系"也好，名动之对立、主谓之对应关系还是客观存在的，并未因认识的不同而彻底消弭。李泽厚在《中国古代思想史论》中提出，中国文化和哲学一直重功能大于重实体，重动作大于重静态。这种人文与哲学的认知也必然会体现到语言当中。因此，我们始终认为，动是绝对的，静是相对的。以动为中心来观察世间万物才能正确地把握客观世界之规律，语言研究之所以一直有以谓词为中心的传统是有道理的。

汉语能性范畴之表达，主要是以"能"为代表的助动词类+动词或动词短语（"能 V"或"能 VC"）以及可能补语式"V 得/不 C"两大类。如：

（1）a 他不能不知道；我能吃完这个苹果。

    b 吃得/不完

在"能 V"或"能 VC"结构中，"能"是高阶谓语[2]，整个结构应该分析为

（1）a′ 他不知道+不能；我吃完这个苹果+能。

如果"能"的后面只有一个动词，那就是一个述谓，如果是 V1+V2 的话，那么就有两个 V，也就是说有两个述谓（P），V1 为主述谓，V2 则为降格述谓（或降级述谓）[3]。

而 V1+得/不+V2 结构中同样存在有两个 V，即两个述谓（P），不同的是，表达可能义的"得/不"是插在两个述谓中间的。对于 V1+得/不+V2 应该是二分还是三分，学

---

[2] 吕叔湘称之为"前谓语"、"高一级的谓语"（吕叔湘 1979：109-110）。
[3] 有关降格述谓的论述，请参看利奇 1987 的中译本《语义学》（杰弗里·N·利奇 1987：204-212）以及潘国英 2012。

界是有争议的（参看刘勋宁 2008）。我们认为，"得/不"是对 V2 而言的，也就是说能性表述在第二个述谓结构之中。（1）b 可以重写为：

（1）b′：P1（V1）+P2（得/不完+V2）

二、V1 与 V2 的分合以及动作事件的前瞻与回顾

动结式是可以将动作与结果或趋向分为两个时间点来看的，如：

（2）　a 孩子哭醒了。

　　　b 孩子哭醒了妈妈。

a,b 两句中谓语"哭醒"的"哭"与"醒"在时间轴上都是"哭"在先，"醒"在后的，

词语排列遵循的是时间顺序原则。也正是由于两个述谓分处于不同的时间段，所以 P1 和 P2 是可以分开来观察和分析的。

（2）a 是孩子哭，孩子醒了。（2）b 是孩子哭，妈妈醒了。（施春宏 2008：75）
这种语义指向的分析就是基于两个动词分属不同的述谓关系的认识上而来的。

述补结构中"得/不"放在 V2 的前面，也是因为 V1 和 V2 分属不同的述谓关系，而"得/不"的可能语义只局限于第二个述谓结构中，与 P1 无关。

（3）我听不懂。

"不"只是否定了 P2"懂"，"听"还是想听或听了的。

然而，动结式中的 V 和 C 毕竟共处于句中谓语的位置上，无论是在语义关系上还是在句法关系上，二者的联系都极为紧密，所以 VC 又可以看作是一个整体（从动作开始到结果产生）。如：

（4）我做完作业了。

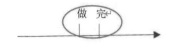

作业从开始做到完成是一个整体过程，构成针对指称"我"的一个相关事件表述。

VC 可合，可分，合的基础是在人的认知框架下，事件可从头到尾进行俯瞰观测，加之二音节的词语构成框架本身也提供了这种存在的形式基础；可分则是两个述谓本身存在时间的间隔。二音节虽是压缩的词汇形式框架，而时间间隔的存在却也提供了扩展的基础。

具体到能性表达上，当把 VC 看作是一个整体过程时，那么对它的审视就有个前瞻或回顾的问题。前瞻是事件发生前，对整体事件（包括其结果）的可能性进行预测或确认，如：

（5）你们能不能完成任务？

这是在交付任务之前对其可能性的确认。而回顾则是对整体事件的可能性进行总结，如：

（6）我们没能很好地完成这次任务。

这是在任务结束之后的回顾或反思。

目前有关"能+VC"与可能补语的对比研究中已经取得的一些共识，正是基于 VC 可分可合的认识的基础上得出的。共识一：在能性范畴的表达上，"能+VC"，由于"能"是高阶谓语，是构架于整个事件表述之上的，因此可表达的语义范畴更广泛，可表示能力、客观可能条件、或然性肯定、许可、准许等；而可能补语的"得/不"只处于第二个述谓结构中，因此语义有所局限，只能表示主观能力、客观可能条件、或然性肯定，不能表示许可、准许。（刘月华 1980；吴福祥 2002）共识二：可能补语的"得/不"放在第二个述谓之前，是对动结式的动作结果和动作趋向的实现可能性的判断，而"能+VC"是针对事件整体实现的可能性的判断"（张黎 2006 等）。

三、"V 不 C"与"不能 VC"

有关"V 不 C"和"不能 VC"的对比分析，已经有了不少研究成果，也产生了不少的共识。其中，"V 不 C"产生的年代早于"V 得 C"，"V 不 C"的来源与"V 得 C"无关，是"VC"的否定形式（吕叔湘 1944，蒋绍愚 1995，吴福祥 2002）。这一认识是非常值得我们关注的。

我们认为，"不能 VC"和"V 不 C"的根本区别还是在于，"V 不 C"仅只是对 C（P2）的否定，而"不能"是对整个 VC 的全过程的否定，其中当然也包括动后结果或趋向的否定。

"V 不 C"只是对第二个述谓的否定，V1 并没有被否定，因此在语言实例中，V1

常常可以重复出现，如：

（7）你走不了，<u>想走也走不了</u>，飞机票搞不到，只有明早的长途车票。

（8）民工们并没有得到相应的报酬，工资不但分文不给，<u>就连吃饭也吃不好</u>。

（9）小正看见学生一站起那条尾巴就消失了，<u>再怎么看也看不见了</u>。

只要牢记 V1 并未被否定，是肯定表现（预定要做或已经在做、已经做了），"不"只是对 V2 的否定，那就应该不再会出现"不能听见"之类的错误（因为不是没有"听"，而是 V2（结果：见）没有达成）。

一般认为，表示纯粹"不可能"的句子里，多用"V 不 C"，很少用"不能 VC"，原因是两者所表示的意向不同，"不能"比较倾向于表示"禁止"的意向（杉村博文 1982：24）。目前所见到的"不能 VC"的例子除了杉村博文（1979，1982）举出的几例之外，小野秀树（1991）也举出了几例，现全部抄录如下：

（10）如果信巫不信医，病是不能治好的。

（11）没有知识分子，我们的事业就不能做好。

（12）爸，这坑里的水，不能排出去吗？

（13）因为石油不多，

　　（a）汽车不能全部开出去。

　　（b）汽车全部开不出去。（以上杉村博文 1979：18 例）

（14）这些书我今天不能全买到。

（15）还有许多不能直接看到的情况。

（16）其实侯锐他们院的厕所倒也并非不能打扫干净。

（17）他们为什么不能想到，在这个星球上他们起码属于同类……

（18）我是一个孤儿，再也不能享受到家庭的温暖了。（以上小野秀树 1991：16 例）

在我们看来，"不能 VC"是对 VC（事件整体）的否定，所以以上例子都可以理解为事件整体+不能的表现，如（10）-（18）例可以改写为：

（10′）如果不信巫，病治好是不可能的。

（11′）没有知识分子，我们的事业做好是不可能的。

（12′）爸，这坑里的水，排出去不可能吗（不行吗？）

（13′）因为石油不多，汽车全部开出去是不可能的。

（14′）这些书我今天全买到是不可能的。

（15′）还有许多情况直接看到是不可能的。

（16'）其实侯锐他们院的厕所打扫干净倒也并非不可能。

（17'）要他们想到在这个星球上他们起码属于同类为什么不可能呢？

（18'）我是一个孤儿，享受到家庭的温暖再也不可能了。

因为"不能 VC"是事件整体＋不能，所以"不能"后面的 VC 除了简单的动结式以外（例（10）-（12）），还可以是复杂的谓词形式（例（13）-（18））。

其实"不能"放在双音节 VC 前的例子并不十分少见，如：

（19）我国企业经济效益低，产品缺乏竞争能力的状况之所以长期<u>得不到</u>改变，农业科学技术之所以<u>得不到</u>普遍推广，宝贵的资源和生态环境之所以<u>不能得到</u>充分利用和保护，人口增长之所以<u>不能得到</u>有效的控制，一些不良的社会风气之所以屡禁不止，原因固然很多，但一个重要的原因是劳动者素质低。

此例中，前面的两个句子中用的是"得不到"，而后面的两句则是"不能得到"，从这个例句中，我们很难看出两者有什么区别，作者似乎只是想变换一下说法，使语言不太单调而已。再如：

（20）继续教育和市场脱节，缺乏市场急需的继续教育内容，<u>也不能跟上</u>形势的发展，更没有前瞻性的继续教育内容。

（21）我们在向年轻一代进行教育时，必须遵循着由具体到抽象，又浅入深，由简到繁，由低级到高级等顺序，逐渐地进行，不能"揠苗助长"、"凌节而施"。否则，<u>就不能收到</u>应有的效果，甚至损害学生的身体和心理。

（22）如果，历史研究只有"纯历史"的或"纯学术"的做法，尽管这是最重要的基础工作，终归<u>不能修成</u>史学和谐的"正果"。

（23）得到学位、毕业之后，一般<u>不能马上找到</u>正式工作，须先去医院或诊所做不拿工资的助理工作人员工作 1 至 2 年，有这样的资历之后，才有可能受聘做正式的心理咨询或治疗专业工作人员。

（24）如果不能给他人幸福，因此<u>也不能得到来</u>自他人的幸福，一个人就将自绝于幸福世界。一个拒绝幸福世界的人不可能是高贵的，因为他没有把一个虽死不弃的幸福世界留给他人，他没有给过别人高贵的幸福，<u>也没有得到</u>别人的高贵的幸福，他根本就没见过高贵的事。（"不能"和"没有"都放在"得到"的前面）

因此 VC 也被不少学者认为是复合词（如董秀芳 2007 等），复合词和短语的区别就在于前者形式上凝固性很强，不能再扩展了。如果是这样的话，"不能"自然只能放在复合词 VC 的前面了。

一般认为，可能补语的反复问句形式是"V 得 C+V 不 C"，如：

（25）这么多菜，你吃得完吃不完？

但其实也有"VC+V 不 C"的说法，杉村博文 1979 就曾列出过几例，以下我们再举几例：

（26）期货交易核心其实就两点：做到做不到，止损不止损

（27）大伯记的，大伯知道，你看懂看不懂的干什么？

杉村博文对此类现象的解释是说 VC 是 V 得 C 的任意条件变异（杉村博文 1979：29），其实，这类现象恰恰可以证明 V 不 C 是 VC 的否定形式，V 不 C 表示可能的否定与 V 得 C 对举是后起的格式。

此外还有"V 不 V 得 C"的例子，如：

（28）做不做得到，做了之后才知道。

（29）每天八杯水。清早没有进食前一定要喝一大杯水，可以清肠胃。（相信很多美眉们是知道的，问题是做不做得到。）

这样的例子不在少数，可见"V 得 C"和"V 不 C"的对举格式并不稳定。

可能补语式中还有一个现象值得我们注意，即只有"V 不 C"，没有"V 没 C"，如：

（30）a 看见——没看见——没能看见

　　　 b 看见——看不见——*看没见

如果从"没"与"不"的区别（参看石毓智 2001）来看，这种现象可能是因为"V 不 C"还仅局限于对 C 的可能性作主观的现实判断上，整个"V 不 C"是一个封闭性的结构，已渐趋固化，接近形容词。（杉村博文 1982：26）

杉村博文（1979：28）曾指出，"V 得／不 C"具有表"非完结状态的性格"，主要依据是不能与时态助词"了、着、过"搭配。然而这一论断与语言事实并不相符。如：

（31）我实在吃不下了，他们给的太多了。

（32）已经追不上了，我们回去吧。

V 得 C 也同样如此，如：

（33）治疗了这么长时间，终于看得见了。

类似的例子还很多，如"听得见了、顾得上了；买不起了、做不完了、看不上了、洗不白了、上不去了……"。这里的"了"也许不能说是纯粹的时态助词，大多是表示状态发生了变化，但"V 得／不 C"显然不是"非完结状态"。有意思的是，"V 不 C"+"了"表示的是一种新状态的开始，完结的是"V 得 C"的状态，反之亦然。如"吃不下了"

是"吃得下"的完结，而"看得见"是"看不见"的完结。

四、能 VC，能 V 得 C，V 得 C

关于"能 VC""与 V 得 C"的区别，目前大家比较一致的看法是，"能 VC"能够较强地表达出说话者的心理活动的形态（杉村博文 1982：27），从主观性的等级上看，能愿动词型的主观性是高于补语型的（张黎 2006：182）。

根据我们的理论假设，"能 VC"是放在整体事件 VC 之前的高阶谓语，可以理解为 VC+能（包括"能"的变体"能……吗"，"能不能"）。而"V 得 C"则只是对 C（第二述谓 P2）的可能性作出判断。因此，"能 VC"是说整体事件（当然也包括最终的结果和趋向）具有可能性，而"V 得 C"只是说 P2 具有可能性。不过，因为汉语是句末焦点的语言，所以，当"能"放在 VC 前时，通常也可以是侧重说明 C 具有可能性，这样，"能 VC"与"V 得 C"也就具有相通性了，有时可以互换。如：

（34）象他这种人，什么坏事都<u>能干出来</u>｜<u>干得出来</u>。（杉村博文 1982：26 例）

不过，两者在语义上还是有些微的差别的，"能干出来"因为是横贯两个述谓，所以说的是他不仅可能去"干坏事"，而且最终也可能干得出来，而"干得出来"只是侧重结果，至于"他干坏事"原本就在意料之中，不存在可能不可能的问题。

此外，因为以一个主要动词为中心的述谓结构可以形成一个事件构架，与事件构架相关的要素（如时间、处所、关涉、结果等）都可以围绕动词中心按前后顺序排列入句，所以，能够进入事件框架结构中的述谓结构要远比 V 得 C 结构宽泛得多，这也就是"能"后面可以出现极为复杂的述谓结构（包括把字句、被字句，甚至"V 得 C"结构等）的原因，而"V 得 C"却相对固化，接近形容词（杉村博文 1979,1982），因而通常无法进入把字句、被字句等特定结构。

（35）我<u>能</u>在万花丛中一眼就<u>认出</u>你。（"能"与 VC 之间可以插入其他修饰成分）。

（36）我<u>能</u>在三天之内把这件事<u>做完</u>。（把字句）

（37）从目前车险理赔代位追偿的经验来看，保险公司垫付款<u>能够被追回来</u>的案例不多。"垫付"规定的最终结果也还是要以牺牲保险公司的利益为代价。（被字句）

（38）我们非常希望您<u>能来帮助我们一起完成</u>这个课题。（连动句加兼语句）

当然 V 得 C 结构，甚至 V 不 C 也都能进入"能"后的述谓结构中，如：

（39）今日能看得上你，这是你的造化，过了这个村便没有了这个店。

（40）我们现在还能赶得上他们吗？（以上为"能"与V得C共现）

（41）我要是真藏起来，能让你们所有人都找不到我。（"能"与"V不C"共现于
使役句中）

（42）大阿哥已经说过，几位大臣也签署了意见，咱们还能对大阿哥信不过？（反
问句中，"能"与V不C共现）

"得/不"只是对P1的结果是否具有可能性作出现实判断，而"能"则是从主观或
心理层面对整个命题的可能性作出判断，侧重点不同，自然也就可以套叠，我们再看以
下两个句子的对比：

（43）a 唐景尧（拿着喇叭）：能不能完成任务？

　　　　警察们齐呼：能！

　　　b 正如前任一院院长王永志所说："给了211厂一个不合理、不讲理的任务，
完得成要完，完不成也要完。"

（43）a 是在确认对方是否有决心或信心来完成任务，而（43）b 则只是在说任务的最
终结果是否具有现实可能性，侧重点不同。因此下面一句的套叠也就根本不显冗余，而
是非常自然：

（44）起明：他能完得成吗？

　　　郭燕：这跟你有什么关系？

"完得成"是说结果的现实可能性，而"能……吗"是表达一种心理上对最终结果是否
能够实现的担忧。

余论

本文主要的理论框架就是"一动一述谓"，在此框架的基础上，我们认为，无论是
"能V1+V2"，还是"V1+得/不+V2"，都存在两个述谓结构，两个述谓结构可合可分，
合则构成整体事件，分则可以侧重动作的不同阶段，将焦点放在结果之上。助动词"能"
是高阶谓语，置于整个述谓结构之上，表达的是整个句子的情态范畴，因此，严格来说，
不应该单从VC结构来观察，而是应该把整个述谓结构都放在"能"所覆盖的语义语法
关系的范围之内加以分析和探讨。VC虽渐趋词汇化，但两个述谓的时间先后依然清
晰可见。而"V1+得/不+V2"的两个述谓几乎可以平行观察，"得/不"之能性语义只存

在于 P2 之内，P1 已经是现实的存在（已发生或预定要发生），需要做能性判断的只是 P1 之后的结果 P2。"V1+得/不+V2"虽然中间有"得/不"加以分断，但"V1+得/不+V2"却比 VC 更加固化，几乎相当于一个半封闭的结构，已接近形容词的用法。"能"和"得/不"无论是从语义范围上来看还是从所覆盖的句法结构的长度来看，二者都不是一个层级上的概念。"能"属于整个命题，而"得/不"只局限于 P2。

"一动一述谓"是针对整个语法体系而提出的一个理论假设，目前我们只是搭出来了一个大致的框架，还有许多具体问题并未深入展开探讨。以能性范畴来说，我们认为，"V 得 C"和"V 不 C"并不是完全相对和平行的结构，也存在着严重的不对称现象（沈家煊 2005；吕俞辉 2013）。"V 不 C"中的 C 最早只是表实际之结果，后来才用以表悬想之可能[4]，刘月华（1980）以及荒川清秀（2006）等学者都对此有过相关探讨，但还不够深入。今后似乎有必要再进一步细分并加以深入研究。

参考文献

董秀芳 2007 从词汇化的角度看粘合式动补结构的性质，《语言科学》第 1 期：40-47。

杰弗里・N・利奇 1987 《语义学》，李瑞华、王彤福、杨自俭、魏国豪译，何兆熊、华钧校订，上海外语教育出版社。

金昌吉 2003 述谓关系与现代汉语"V 得 C"结构，《言语文化研究》第 22 卷第 2 号：207-223。

李晓琪 2004 "做不到""做不好"与"做不了"——兼论汉语补语教学，北京大学出版社，《第七届国际汉语教学讨论会论文选》：251-258。

刘月华 1980 可能补语用法的研究，《中国语文》第 4 期：246-257。

吕叔湘 1979 《汉语语法分析问题》，商务印书馆第 1 版。

　　　 1942-1944/1982 《中国文法要略》，商务印书馆新 1 版。

马建忠 1898/1983 《马氏文通》商务印书馆新 1 版。

潘国英 2012 修饰成分作为降级述谓性成分的地位，《世界汉语教学》第 26 卷第 1 期：54-64。

杉村博文 1979 能学好・学得好・能学得好，日本語と中国語対照研究会編，『日本語と中国語の対照研究』第 4 号：16-37。

杉村博文（沙野译）1982 V 得 C、能 VC、能 V 得 C，《汉语学习》第 6 期：23-33。

---

4 这一说法最早是吕叔湘提出来的，后来又有一些学者作过进一步地阐述和论证（参看吴福祥 2002：33）

沈家煊 2005 也谈能性述补结构 "V 得 C" 和 "V 不 C" 的不对称，沈家煊、吴福祥、马贝加《语法化与语法研究》，商务印书馆。

  2016 《名词和动词》，商务印书馆第 1 版。

  2019 《超越主谓结构——对言语法和对言格式》，商务印书馆第 1 版。

施春宏 2008 《汉语动结式的句法语义研究》，北京语言大学出版社。

石毓智 2001 《肯定和否定的对称与不对称》，北京语言大学出版社。

宋文辉 2021 《汉语动结式的功能与认知研究》，学林出版社。

吴福祥 2002 汉语能性述补结构 "V 得/不 C" 的语法化，《中国语文》第 1 期：29-40。

袁毓林 2001 述结式配价的控制——还原分析，《中国语文》第 5 期：399-410。

赵长才 2002 结构动词 "得" 的来源与 "V 得 C" 述补结构的形成，《中国语文》第 2 期：123-129。

張 黎 2006 汉语的动相，日中对照言语学会、白帝社初版发行，『中国語の補語』：180-192。

  2015 汉语的隐性意愿结构及其句法影响，《语言教学与研究》第 5 期：42-52。

张旺熹 1997 再论补语的可能式，《第五届国际汉语教学讨论会论文选》北京大学出版社，另以《补语的可能式》为题，选入孙德金主编 2006《对外汉语语法及语法教学研究》231-251，商务印书馆。

  1999 "V 不 C" 结构实现的语义条件，《汉语特殊句法的语义研究》北京语言学院出版社。

日中对照言语学会 2006『中国語の補語』、白帝社。

  2008『日本語と中国語の可能表現』、白帝社。

高程度主观评述构式"X 死个人"探析

薛晨

（岛根大学）

摘要： 本文对"X 死个人"构式的句法及语义特征进行了考察和分析。首先，我们将"X 死个人"的构式义归纳如下：即"X 死个人"是一种用于表示说话人感受、评价的高程度评述性表达。此外，本文通过比较分析"X 死个人"和"X 死人"的句法特征后发现，相比于"X 死个人"，"X 死人"在句法上具有更大的自由度。同时，我们进一步从主观性和语气方面分析了"X 死个人"构式在句法上受限的原因，得出以下结论："X 死个人"构式是一种用于凸显言者视角的语言表达，其主观性强于"X 死人"，此外，"X 死个人"构式带有感叹语气，带有言者的主观态度。因此，无法再被包孕在其他客观命题内加以叙述，从而使其句法功能受到限制。

关键词： "X 死个人" 构式 主观性 语气

一、引言

汉语中存在一类"死"字表程度的述补结构带宾语的语言表达，如"热死人了"[1]。此类格式表达的是说话人对自身感受所达到程度的主观极量评价（岳岩2009；魏玮、罗彬彬 2019 等）。我们发现，除了"X 死人"格式之外，还存在"X 死个人"格式，如"热死个人"、"闹死个人"。在实际的语言使用中，"X 死个人"既可以用来表示结果，也可以用于表示程度。

（1）上午东城汽车压死个人，不到下午，西城就会有许多人知道了。（梁晓声《冉之父》CCL）

（2）一个早上火车票订票网站都上不去，急死个人。（微博 BCC）

（3）每次来银行取个号都要等一个多小时，不就才 20 号人，慢死个人了……（微博 BCC）

在例（1）中，"压"是动作性动词，"死"表示结果义，此时"个"前可以补回数词"一"，"个人"充当的是役事论元。而在例（2）中，"急"是心理动词，"死"表示程度义，"急死个人"表达的是说话近乎达到极点的心理感受。例（3）中的"慢"是形容词，"慢死个人"表达的是对银行办理业务效率极低的一种负面评价。本文主要的讨论对象是例（2）

和例（3）的情况。吴为善（2016：147）指出，评述是说话人基于"情景（scene）"的"识解（construal）"而表达的感受、评价。例（2）和例（3）中的"X死个人"正是一种体现说话人的感受、评价的评述性表达。根据 Goldberg（1995）对于构式的定义，构式是形式与意义的配对，构式义不能从各个构成成分中得到完全预测。根据此定义可以得知：在形式方面，"X 死个人"格式"个"前无法插入数词"一"，" X 死个人"格式有了凝固倾向。在语义方面，"X 死个人"结构可以表达说话人的感受和评价，这种评述性语义无法从其构成成分自然推导出来。因此，我们倾向于认为，"死"表示程度义时的"X死个人"属于现代汉语中的一个构式。目前，关于"X死个人"的探讨还未被提及，并且"X死个人"与"X死人"格式是否存在差异这些问题尚未做深入的探讨，本文在认同"X死个人"与"X死人"格式具有相似性的同时，试图比较两者在句法、主观性、语气等方面的差异，为"X死个人"构式的成立提供合理的理据。

二、 "X 死个人"中变量 X 的特征及其构式义

引言中提到，当 X 由"压、打"等强动作动词充当时，"X 死个人"是个动结式。我们知道，动结式属于致使范畴，表示致使者通过某种行为动作使被致使者产生某种变化，其语义构成包括致使者、致使方式、被致使者和致使结果四个基本语义角色（施春宏 2007）。如"武松打死了老虎"，武松（致使者）通过"打"（致使方式）导致老虎（被致使者）死亡（致使结果）。此时的致使者和被致使者代表的是两个实体，尤其是致使者，通常是能实施自主行为的生命体。因此，典型的动结式是一种具有"他致使义"的语义结构。根据吴福祥（2000），"V 死 O"的产生是"V 杀 O"中的"杀"被"死"替代的结果。"V 死 O"结构中的"死"最初是作为结果补语而存在的，而这种"V 死"带宾语的结构在"死"作为程度补语后也没有消失，一直延续至今。本文所探讨的"X 死个人"便是其中之一。根据唐贤清、陈丽（2011），当"死"由结果义引申为抽象的程度义时，动词的动作性有了明显的弱化，进入"V 死 O"的主要是心理动词[2]，凸显的是人的心理状态，功能向形容词靠拢，这为形容词的进入提供了条件。岳岩（2009）指出，"S+W+死+O"句式义包括［＋致使］［＋感受］［＋程度］的特征。其中 W 主要包括心理动词、感觉类形容词[3]。但是关于此类句式所展现出来的致使特征并未做详尽分析。其次，我们发现一些如"写、跑"之类的动作动词进入"X 死个人"构式的例子。另外，除了感觉类形容词，我们发现，"慢、腻"等形容词也可以进入"X 死个人"，

106

用于表达说话人的评价。接下来我们首先考察能进入"X死个人"构式的词项,并试图归纳其构式义。

2.1 变量 X 是动词的情况

根据检索到的实际语料,能进入"X死个人"构式的主要有心理动词和一些动作动词。这时,虽然"死"由结果义引申为抽象的程度义,但整个句子表达的是某事件致使说话人经历了某种极致的心理状态,即致使性语义内涵得到了一定保留。先来看看心理动词的例子:

(4)"我最害怕夏天的蚊子了,根本不想让我睡觉,半夜爬起来打蚊子还找不到气死个人。"(对话 BCC)

(5)一个早上火车票订票网站都上不去,急死个人。(微博 BCC)

(6)400 接到大量的有关供暖的投诉和意见:暖气不热、漏水请修。热电实在是有点不负责任。既不安排人又不接电话,愁死个人!(微博 BCC)

在上述例句中充当 X 的部分均是由自身带有[＋感受]义的心理动词,进入"X死个人"后表达的是某事件致使说话人产生了某种负面心理感受。如例(4)中的"气死个人"表达的是"让/令我很生气"。在上述句子中均是作为事件性的原因充当了活动致事(active causer)。例(4)中"生气"的原因是"半夜爬起来打蚊子还找不到",此时的致事是非实体性的,是事件性的(eventive)。同样,例(5)和例(6)中的"急死"、"愁死"的原因是"一个早上都上不去火车票订票网站"、"热电既不安排人又不接电话"。也就是说,相比于动结式"V死O",在"X死个人"构式中,"死"的语义抽象为程度义,"死"前的动词由动作动词转换为心理动词,致事也由能实施自主行为的生命体转换为事件性活动,但语义上的致使性仍有所保留。

需要补充的是,当一个构式一旦形成,在语言的类推机制下,一些原本不符合规则的词项也可以进入构式。我们发现了一些动作动词进入"X死个人"的例子,如:

(7)"上哪潇洒去了?"

"游了一天,晚上又长征般地吃饭看电影,电影还笑死个人……"(对话 BCC)

(8)年底了,真的各种报告、报表、自查、总结! 写死个人了。(微博 BCC)

(9)天天两公里跑死个人了,还设三个打卡点。(微博 BCC)

例(7)中的"笑",在单独作谓语时用于描写动作行为,但由于"X死个人"构式的

［＋致使］的特征，进入"X死个人"构式后表达的是电影的搞笑情节致使说话人产生了开心的感受。需要注意的是"笑"包括［＋愉悦/开心］的语义特征，可以说自身义项和［＋感受］有关联。但例（8）和例（9）中的动作动词"写、跑"的自身义项和［＋感受］并无关联。根据例（8）、例（9）的语境，我们可以知道，例（8）中的"写死个人"表达的是要写的东西太多，不断写各类报告总结致使说话人产生了劳累的感受。例（9）中的"跑死个人"表达也是每天跑两公里，致使说话人产生了疲惫的感受。换言之，由于"写很多报告"和"跑两公里"这样的动作可以使说话主体产生劳累、疲惫的感受，即语境激发出了［＋感受］的特征，句子才得以成立。

2.2 变量 X 是形容词

首先，需要指出的是由于"死"在语用上的夸张色彩，"X死个人"构式体现的是一种高程度义。如下面例（10）中的"辣死个人"表达的是辣的程度极高，这种高程度义，在后续语句中可以得到确认。

（10）那个鸭脚，吃了四个，但是<u>辣死个人</u>了！我回家喝了两壶茶，胃倒是胀了，但是<u>还是辣</u>。（微博 BCC）

根据张国宪（2000）对形容词量性特征的考察，性质形容词具有量幅特征，属于弥散量。状态形容词是具有量点特征，属于固化量。由此性质形容词具有被不同量级程度词切分的潜能，在量上具有可延伸性。由于"死"的程度义，能进入"X死个人"构式的形容词应该在量上具有可延伸性。而表示固化量的状态形容词则不能与高程度义的词重叠使用，因此下列说法均不成立。

（11）　*冷冷死个人　*冰冷死个人

岳岩（2009）指出进入"S+W+死+O"句式有感觉类形容词，如听觉、嗅觉、味觉、温度觉的形容词：吵、臭、香、酸、甜、苦、辣、咸、腻、冷、热等。

（12）今天的三亚艳阳高照，沙滩走一圈，一头大汗！<u>热死个人</u>啊。（微博 BCC）

这类感觉类形容词均可以用"很"来修饰，同性质形容词一样具有量幅特征，因此可以进入"X死个人"。这类形容词进入"X死个人"后用于表达说话人经历了某种极致状态或感受。但我们发现性质形容词也可以进入"X死个人"。示例如下：

（13）我一大清早，提着这三大袋东西，跟老大妈一样在街上跑，我都要疯了，<u>重死个人</u>。（微博 BCC）

我们知道,性质形容词还有"高/低、长/短、大/小"等,但却无法进入"X 死个人"。

(14)*高/低死个人 *长/短死个人 *大/小死个人

我们认为,这与 [＋感受] 义有着密不可分的关系。在感知物体的重量特征时,我们需要通过"提"这类动作行为来完成,这个过程会激发主体的主观感受。通过例(13)的语境我们可以知道,"重死个人"倾向于表达的是由于提着很重的东西在街上跑的动作行为致使当事人产生了某种极性感受,即感到非常累。而"高/低、长/短、大/小"这类性质形容词则是通过视觉便可以捕捉到,此过程一般不会使人产生某种极致感受,即不具备 [＋感受] 义,因此难以进入该构式。

另外,我们还发现有一些诸如"慢、贵"等形容词进入"X 死个人"构式后用于表达说话人的评价。

(15)每次来银行取个号都要等一个多小时,不就才 20 号人,慢死个人了……(微博 BCC)

(16)工作租房令人头秃,广州租房贵死个人了。(微博 BCC)

上述例(15)和例(16)中的"慢死个人"、"贵死个人"在表达说话人的评价的同时,由于"X 死个人"构式的致使义,其还倾向于表达由于"银行服务慢"、"广州房租贵",令说话人产生了不满、忧愁的消极感受。这点我们可以在语境中得到确认,如在例(16)中的"令人头秃"表达的就是说话人苦恼的心理。

归纳起来,"X 死个人"构式具有 [＋致使][＋程度][＋感受] 的义项,其构式义是表示说话人感受、评价的一种高程度评述性表达。上文提到,岳岩(2009)曾经指出,"S+W+死+O"句式义包括 [＋致使][＋感受][＋程度] 的特征。迎面而来的问题是,包含"个"字的"X 死个人"构式和其他类似格式之间是否存在区别呢?接下来我们将以"X 死人"为参照,试图分析"X 死个人"与"X 死人"两者在句法、语义上的差异。

三、"X 死个人"的句法功能

根据对使用"X 死个人"句子的详细检索后得知,"X 死个人"构式可以充当复句中的分句,用于复句中的前一分句或后一分句。

(17)困死个人,但还是挣扎着起来了。(微博 BCC)

(18)忙死个人了,好想不做了。(微博 BCC)

例（17）中的"困死个人"是转折复句的前一分句，例（18）中的"忙死个人"是后句"想不做了"的原因。而当"X死个人"用于复句中的后一分句时，前一分句多是用来表示产生此消极心理的原因，而这些原因均是某种事件性原因。如：

（19）一个早上火车票订票网站都上不去，<u>急死个人</u>。（微博 BCC）

（20）我躺在床上上网，淼淼在旁又蹦又跳，<u>闹死个人</u>。（微博 BCC）

另外，"X死个人"还可以充当谓语，请看下列例句：

（21）年底真的是要忙死个人，一大堆的活……下午还要我培训，真是打我个措手不及！（微博 BCC）

例（21）中，时间名词"年底"充当句法主语，此时的"X死个人"充当的是句子的谓语。而通过考察使用"X死人"的句子，我们发现，"X死人"格式的句法功能较为丰富，可以依据表达的需要自由地充当谓语、定语、宾语、补语。如下例：

（22）洪慕修顿脚道："这真是<u>急死人</u>了。你一句话也不说，倒尽管是哭，这样拼命的哭，就哭出道理来吗？"（张恨水《春明外史》BCC）

（23）第一件<u>烦死人</u>的事，是她走起路来总活像一只芦花鸭子。（萧乾《鹏程》BCC）

（24）忙40天，累40天，这40天的春运还不赚钱。所以，不少铁路运输企业面对春运期间滚滚而来的人潮，感到<u>愁死人</u>、<u>烦死人</u>，想尽办法"分流撵人"。（2000人民日报 CCL）

（25）这穷山穷水长不起来树，木料贵得<u>怕死人</u>……（路遥《平凡的世界》 BCC）

例（22）中"急死人"和语气词"了"共现，用于表达说话人的主观感受，带有感叹的语气。此时的"急死人了"，可以替换为"急死个人"。而例（23）～例（25）是一种客观叙述，这里的"X死人"格式只是客观地表达程度的高低，因此可以被包含在客观叙述的句子中充当定语、宾语、补语。此时的"X死人"均不适合替换为"X死个人"。句法位置不单单是各个成分的线性排列，更与表达的语用需求有着密切联系。带有说话人主观态度、情感的成分或格式，难以进行客观化，因此难以出现在客观叙述的句子中。张谊生（2013:48）指出主观情态越是强的，越是只能充当陈述性的谓语，越是不适宜充当修饰性的定语；反之，客观义越是稳定的，充当定语的频率就越高。由此，我们推测，相于"X死人"，"X死个人"构式具有较强的主观情态。"X死个人"构式句法受限的原因就在于其表达较强的主观情态的这一内在特质。这一点也体现在两者在语体上差异，我们发现，"X死人"可以用于叙述语体中，如下例：

(26) 罗布泊这地方，<u>冷起来能冷死人</u>，<u>热起来也能热死人</u>。（人民日报 2017
　　 年 02 月 08 日 BCC）

(27) 白天，在一人多高的芦苇丛里，<u>灼热的湿气闷死人</u>；夜晚，成群的蚊子扑满
　　 身。（人民日报 1965 年 10 月 28 日 BCC）

例（26）中的"冷死人"、"热死人"是用于描写罗布泊的天气情况，例（27）也一种描
写性叙述体，这里的"闷死人"表达的是程度的高低，此时，"X 死人"也不适合替换
为"X 死个人"。关于"X 死人"比"X 死个人"在句法上具有更大自由度的原因，我
们认为和两者的主观性以及语气差异有着密切联系，将在下文论述。

四、 "X 死个人"构式句法受限的动因

4.1 主观性方面

　　为了进一步阐明"X 死个人"句式的特点以及与"X 死人"在句法功能上产生差异
的原因，接下来先从主观性的角度来进行分析。语言的主观性主要表现在说话人的视角、
说话人的认识、说话人的情感等三个方面（沈家煊 2001）。其中说话人的视角（perspective）
反映的是说话人观察客观事件的基本立场或角度。请看下列例句：

(28) 大半夜吹头发是闹哪样啊？！<u>吵死个人</u>了。（微博 BCC）

(29) 但我真的是每年体重都在增长，每一天都是生命中最瘦的一天，<u>烦死个人</u>。
　　 （微博 BCC）

通过观察上述例句可以发现使用"X 死个人"句的句子主语和言者主语合一。说话人
"我"是观察事物体验事物的实体，同时句子表达的也是说话人的主观感受。而使用"X
死人"的句子并非如此。示例如下：

(30) "闭嘴！"罗瑟<u>觉得吵死人了</u>，开始后悔让这只乌鸦一起出来。（唐幻萱《冷
　　 冷的王子》BCC）

(31) 有多少年轻的生命在那里受苦、挣扎而终于不免灭亡。但是幼稚而大胆的
　　 叛逆毕竟冲出去了，他们找到了新的天地，同时给<u>快要闷死人的旧家庭</u>带
　　 来一点新鲜的空气。（巴金《家》CCL）

例（30）中的句子主语是第三人称"罗瑟"，整个句子叙述客观事件。而在例（31）中，
句子主语是"他们"，同时，"闷死人的旧家庭"体现了言者主语视角，但此时的言者
隐含在语言表层之外。此时，句子中的"X 死人"不合适替换为"X 死个人"。此现象

说明相比于"X死人","X死个人"构式更适用于表达某个特定主体对现实情况的评价或心理状态，即说话人在实际事件活动中的参与度更高。再来看一组对比例句：

(32) 六点穿行在街上的，是棒子工，在码头上卸了一天的货，<u>脾气大得吓死人</u>。（严歌苓《寄居者》CCL）

(33) "哎哟！<u>吓死个人</u>，是你呀！银环姐姐。"（李英儒《野火春风斗古城》CCL）

例（33）中的"吓死个人"表示的是说话人根据自身的特定体验而表达的心理感受。而例（31）中的"脾气大得吓死人"只是用于描写棒子工的性格特点，并没有呈现出特定主体的心理感受，因此这里不适合使用"X死个人"。另外，"X死人"可以构成一些日常俗语，如下例：

(34) 俗话说"<u>秋后一伏热死人</u>"，公众是否要当心"秋老虎"的余威？（中央人民广播电台新闻和报纸摘要 2012 年 08 月 07 日 MLC）

(35) 和"官"字有关的，"打官腔"、"摆官架子"、"官气十足"、"做官样文章"、以至"<u>官大一级压死人</u>"，诸如此类，都不是什么好字样。（人民日报 1985 年 01 月 15 日 BCC）

上述例（34）和例（35）中的"X死人"，均是对日常俗语的引用，是一种对事理的陈述表达，并不是特定主体的心理感受，此时同样不适合替换为"X死个人"。通过上述分析可知，"X死个人"是一种用于凸显言者视角，表达特定主体的主观感受、评价的评述性表达。可以认为"X死个人"和"X死人"存在着一个主观性程度上的等级序列："X死个人" > "X死人"。

4.2 语气方面

一般认为命题表达的是客观事件，而语气则表达的是对命题的主观感受、态度（Lyons1997 等）。我们认为，"X死个人"句式带有一定的感叹语气。根据检索到的例句，我们发现在抒发说话人主观感受的会话语境中，"X死个人"不加"了"的句子大量存在，而使用"X死人"的句子多带有"了"或语气副词。我们以使用"急"的句子为例对 BCC 语料库进行检索，发现"急死人"均是与语气副词"真"或语气词"了"共同使用，表达说话人的感叹语气。而"X死个人"独立使用的例子不在少数。如：

(36) 心中一急，不由睁大眼睛，问道："我怎么了，你怎不快说，瞧你吞吞吐吐的真<u>急死人</u>。"（东方玉《北山惊龙》BCC）

（37）惟婕才进门，程伟就疾步向她走来。"你这一餐吃得可真久，<u>急死人</u>了。"

  （萧心华《彩梦情长》BCC）

（38）涛哥如何劝都不听，后来实在是急了，骂了起来，恨铁不成钢，家里人明明
  都反对，他就是不明白，<u>急死个人</u>！（微博 BCC）

句子是一个交际功能单位，体现说话人的主观情感和态度，因此通常包含特定的语气。
王力（1980:445）指出汉语的语气是由句末的语气词和语气副词来表示的。通过上述例
子可知，使用"X死人"的句子多借助一些语气标记词来表示感叹。而"X死个人"可
以不依赖这些标记，独立表示感叹语气。

  另外，我们还发现"X死人"一些用于疑问句或反问句中的例子，如：

（39）她的样子好像已经快要哭了出来："我本来下定决心要跟他去的，想不到他
  竟偷偷溜了，一去就再也没有消息，你说<u>急不急死人</u>？"（古龙《陆小凤传
  奇》CCL）

（40）若说到儿媳妇一进门，当晚就出了情形，千错万错，死得不错，什么大罪，
  都一笔账记在我们身上，那不是<u>冤枉死人</u>吗？（张恨水《北雁南飞》BCC）

（41）三年不回家，回家来了，乡下人都不免有那发财回家的揣测，那么，自己
  是回来筹款的，在这样环境之下，不是<u>为难死人</u>吗？（张恨水《欢喜冤家》

  BCC）

例（39）中的"急不急死人"是一种以疑问形式进行的提问，其中还包含了说话人的某
种埋怨情绪。例（40）和例（41）中的"冤枉死人"、"为难死人"均是以反问句的形
式出现，根据刘月华（2001:794），"不是……吗"格式强调肯定，提醒注意某种明显的
事实。因此，例（40）表达的是对"把这些都一笔账算在我们身上是冤枉我们"这一命
题的肯定，语用上的功能是提醒对方。无论是疑问句还是反问句，这时句子中的"X死
人"都不适合替换为"X死个人"。观察使用"X死个人"的句子，可以发现其多用于
抒发负面感受或情绪的句子中，更接近于感叹句。如：

（42）400 接到大量的有关供暖的投诉和意见：暖气不热、漏水请修。热电实在是
  有点不负责任。即不安排又不接电话，<u>愁死个人</u>！（微博 BCC）

（43）益禾堂的杨枝甘露，去糖都那么甜，不知道放了啥，黏糊糊的，<u>腻死个人</u>！
  （微博 BCC）

已有多数研究指出疑问和感叹之间存在着非常密切的关系（吕叔湘 1944，石毓智 2004，
陈振宇、杜克华 2015 等）。刘彬、袁毓林（2020）更明确指出，反问句用法是疑问向感

叹转化的中间环节。这其实从侧面透露出反问句的感叹语气程度并未达到感叹句级别。而"X 死人"可以用于反问句，"X 死个人"不适用于反问句的现象也就可以说明"X 死个人"构式的语气应该强于"X 死人"。两者在语气方面的差异还体现在是否可以与表示祈使语气的"别"共同使用这一点上。如：

（44）"好烦啊……你们<u>别烦死人</u>(*别烦死个人)……嫁不嫁是我的事。"（微博 BCC）

（45）懒汉：你<u>别吵死人</u>(*别吵死个人)，我还没有睡足。（人民日报 1981 年 02 月 16 日 BCC）

（46）"可你也<u>别吓死人</u>(*别吓死个人)，说生就生，还到处乱跑，我这不就去接你了吗？"（乔安上《骄女擒鹰》BCC）

"X 死个人"构式多用于表达某个特定主体的感受和评价，包含一种感叹语气，与祈使语气相互冲突，因此难以同表示祈使语气的"别"一起使用，而"X 死人"则不受此限制。通过上述分析可知，"X 死人"是一种偏向客观描述程度的表达，而"X 死个人"则多用于抒发说话人负面感受或情绪的表达，带有感叹语气。由于语气成分表达的是主观态度，所以无法再被包孕在其他客观命题内加以叙述。因此，"X 死个人"的句法功能也就受到了限制。

五、结语

以上通过对"X 死个人"从句法、语义、主观性等多方面的分析，明确了其构式地位。其构式地位体现在：从形式上讲，数词"一"不可以进行回补，只有 X 是自由的、可替换的，因此该格式是一个半封闭构式。陆俭明（2008:145）谈到构式语法的价值时提到，构式语法有助于说明语言中各种不同句式产生的原因和理据。为了表达的细腻，人们在交际过程中不断创造新的表达格式来满足表达的需要，即构式及构式义在话语中产生，话语是其动因，这也是为什么本文探讨的"X 死个人"构式多出现于对话口语中的原因。因此，我们有理由认为，"X 死个人"是一个出现在口语中，表达特定主体的感受、评价带有感叹语气的高程度消极义主观评述构式。

其实，在现代汉语中，含"个"字构式倾向于主观表达的现象并不是孤立现象。除了本文探讨的"X 死个人"构式之外，还存在"V 个什么"格式。示例如下：

（47）临到分手时，母亲哭了，父亲不以为然，在一旁数落说："又不是去当兵，<u>哭个什么</u>！"（刘醒龙《天行者》CCL）

（48）薛纪跃这时忍不住对卢宝桑说："宝桑你也别太那个了——菜还多着呢，你<u>急个什么</u>呀！"（刘心武《钟鼓楼》BCC）

在上述例句中，"V 个什么"格式传递的是说话人对听话人的不满的主观态度。此类语言现象提示我们，"个"在表达言者主观性方面具有重要作用。本文探讨的"X 死个人"和"X 死人"在句法、主观性等方面所产生的差异无疑同"个"有着密切联系，关于"个"表达言者主观性的问题，我们将在今后的课题中继续探讨。

附注

1) 本文所探讨的表程度义的"死"带宾语的句式主要是"X 死个人"和"X 死人"。相似表达还有"X 死我/你了"等，由于篇幅有限暂不讨论。

2) 根据唐贤清、陈丽（2011），"死"的由结果义虚化为程度义的致变因素是"死"前动词的变化。"死"前动词的变化至迟在唐代已经产生。

   a.明妃一朝西入胡，胡中美女多羞死。（李白《于阗采花人》）

   一般情况下"羞"等心理动词不会造成"失去生命"。由此，"死"的[+已然]、[+客观]语义特征便脱落了，逐渐形成了程度义。

3) 根据牟云峰（2005）感觉类形容词是用于表达自身生理或心理感觉的一类形容词。感觉形容词根据感觉部位的不同，可划分为表达视觉、听觉、嗅觉、味觉、触觉等。

参考文献

陈振宇、杜克华 2015. 意外范畴：关于感叹、疑问、否定之间的语用迁移的研究，《当代修辞学》第5 期：71-80。

侯瑞芬 2005. "动（形）+死+……"的结构语义分析，《北京教育学院学报》第 2 期：16-21。

黄伯荣主编 1996. 《汉语方言语法类编》，青岛出版社。

及轶嵘 2000. "想死我了"和"想死你了"，《天津师大学报》第 2 期：78-80。

李 泉 2001. 同义单双音节形容词对比研究，《世界汉语教学》第 4 期：20-31。

陆俭明 2008. 构式语法理论的价值与局限，《南京师范大学文学院学报》第 2 期：142-151。

陆俭明 2016. 构式语法理论有待深究的三个问题，《东北师大学报 (哲学社会科学版)》第 4 期：2-7。

刘　彬、袁毓林 2020. 疑问与感叹的相关性及其转化机制，《世界汉语教学》第 1 期：44-54。

刘月华主编 2001.《实用现代汉语语法》，北京：商务印书馆。

刘振平、闫亚平 2019. "V 个 VP"中"个"的主观化走向——从主观赋量到主观赋形，《语言教学与研究》第 1 期：72-79。

吕叔湘 1944.《中国文法要略》，北京：商务印书馆。

吕叔湘主编 1980.《现代汉语八百词》，北京：商务印书馆。

牟云峰 2005. 感觉类形容词的词义演变——从自身感觉到认知世界，《第六届汉语词汇语义学研讨会论文集》，142-147。

任　鹰 2013. "个"的主观赋量功能及其语义基础，《世界汉语教学》第 3 期：362-375。

沈家煊 1999.《不对称与对称标记论》，江西教育出版社。

沈家煊 2001. 语言的"主观性"和"主观化"，《外语教学和研究》第 6 期：268-275。

沈家煊 2006. "糅合"和"截搭"，《世界汉语教学》，第 4 期：5-12。

施春宏 2007. 动结式致事的类型、语义性质及其句法表现，《世界汉语教学》第 2 期：28-39。

石毓智 2004. 疑问和感叹之认知关系——汉英感叹句的共性与个性，《外语研究》第 6 期：1-8。

唐贤清、陈　丽 2011. "死"作程度补语的历时发展及跨语言考察，《语言研究》第 6 期：79-85。

王灿龙 2002. 句法组合中单双音节选择的认知解释，《语法研究和探索》(十一)，北京：商务印书馆，151-168。

王冬梅 2002. "N 的 V"结构中 V 的性质，《语言教学与研究》第 4 期：55-64。

王　力 1943.《中国现代语法》，北京：商务印书馆。

王　力 1980. 汉语史稿》，北京：中华印书局。

王晓凌 2008. "好个……"结构探析，《汉语学习》第 2 期：65-71。

王正元 2009.《概念整合理论及其应用研究》，北京：高等教育出版社

魏　玮、罗彬彬 2019. 极性夸张构式"V(A) 死人"探析，《齐齐哈尔大学学报(哲学社会科学版)》第 5 期：111-115。

吴福祥 2000. 关于动补结构"V 死 O"的来源，《古汉语研究》第 3 期：44-48。

吴为善 2016.《构式语法与汉语构式》，学林出版社。

徐盛恒 2004. 充分条件的语用嬗变——语言运用视角下的逻辑关系，《外国语》第 3 期：11-19。

岳　岩 2009. "S+W+死+ O"句式使动与自动语义探源，《清华大学学报(哲学社会科学版)》第 S2 期：134-142。

张伯江 2000. "把"字句的句式语义，《语言研究》第 1 期：28-40。

张伯江、方 梅 1996. 《汉语功能语法研究》, 南昌: 江西教育出版社。

杨丽娜 2015. 动词"感到、觉得、感觉"的差异及其对外汉语教学, 湖南师范大学硕士论文。

张华杰、杨莉莉 2009. 现代汉语中的"你个"结构, 《修辞学习》第 3 期: 48-54。

张国宪 1997. "V$_{双}$+N$_{双}$"短语的理解因素, 《中国语文》第 3 期: 176-186。

张国宪 2000. 现代汉语形容词的典型特征, 《中国语文》第 5 期: 447-458。

张国宪、卢 建 2014. 言者的情感表达与定语句位占据的语用斜坡, 《世界汉语教学》第 3 期: 291-309。

张谊生 2013. 句法层面的语序与句子层面的语序——兼论一价谓词带宾语与副词状语表程度《语言研究》第 3 期: 40-51。

周 红 2005. 《现代汉语致使范畴》, 复旦大学出版社。

周清艳 2019. 《汉语"个"字构式的隐形量及其类型学研究》, 暨南大学出版社。

朱德熙 1982. 《语法讲义》北京: 商务印书馆。

Goldberg, Adele E. 1995. *Constructions: A Construction Grammar Approach to Argument. Structure*. Chicago: The University of Chicago Press.

Kuno, S. 1987 *Functional Syntax: Anaphora, D iscourse and Empathy*. Chicago and. London: University of Chicago Press.

Lyons, J. 1997 *Semantics(2nd edition)*. Cambridge :Cambridge University.

Traugott, Elizabeth C. 2006 *Constructions and language change revisited: Constructional. emergence from the perspective of grammaticalization*.Paper Presented at Direction in English Language Studies, Manchester April 6th-8th.

"但凡"的反事实表现①

王艺嬛

（御茶水女子大学）

摘要： 本文主要考察"但凡"引导的复句在反事实表达方面的特征，以此来论证"但凡"在引导反事实句时有别于"只要"、"如果"，应看作独立的连词而非"只要"和"如果"的口语形式。本文通过与"只要"和"如果"的对比，发现"但凡"引导的复句在句法形式上有能够引导单数名词性短语、与引导后件的副词"都"搭配等独特特征。本文采用可能世界理论论证了"但凡"虽与"只要"、"如果"在语义上有相通之处，但"但凡"比"只要"做全称判断的形式更为多样。而"如果"不能做全称判断，只能对全称命题赋值。

关键词： 但凡 如果 只要 反事实复句 可能世界

一、引言

本文主要考察"但凡"引导的复句在反事实推理和反事实表达②方面的特征，以此论证"但凡"作为连词，在反事实表达方面有其独特特征，不应看作"只要"或"如果"的口语形式，而应看作一个独立的连词。

现代汉语中，一般认为"但凡"有两种词性，一为副词，意为"凡是、只要是"，一为连词，表示条件关系，一般看作"只要"的北方话方言用法。如例（1）、例（2）中的"但凡"均可替换为"只要"。

(1) 游程中只是稍稍"蘸"了威尼斯的那么一点点水，我敢说，从今以后但凡/只要梦到威尼斯，你所做的，准是一个湿淋淋的香梦！（BCC③叶文玲《水上的绍兴》2001）

(2) 但凡/只要抓紧一些时间，哪会赶不上最后一班车。（李雪松 2011：57）

因此，现代汉语复句研究中一般也不把"但凡"看作是一个独立的复句关联词。但同时，李毅（2010）、李雪松（2011）等考察"但凡"在古典文献中的用法时指出，并非所有由"但凡"引导的复句都能替换成"只要"引导的条件句，如例（3）。李毅（2010）认为，这类句子里的"但凡"表假设，相当于"倘若、假如"。④

(3) 但凡/如果/*只要小的们有造化，起先娶奶奶时，若得了奶奶这样的人，小的们也少挨些打骂，也少提心吊胆的。（李毅 2010：26）

据此，先行研究主张，"但凡"引导复句时有两种解释，一为表条件，能够替换为"只要"，一为表假设，能够替换为"如果"。其中，从先行研究中所举的用例来看，表假设的用例多为例（3）这样的反事实句，即前件 p"小的们有造化"与现实中发生的已然事实不符，或者与说话者、复句主语的主观判断不符等。李毅（2010）、李雪松（2011）均认为，这类反事实句"是在陈述过去的事情，也有追悔的意思"⑤。但本文通过实例考察发现，首先，存在例（4）这样既不能替换为"只要"也不能换成"如果"的用例。其次，即使能与"如果"或"只要"互换，也并不都表示"过去的事情"或"追悔"，如例（5）。

(4) 他肯定是疯子。但凡/*⑥如果/*只要一个正常人没有那么干的。（BCC：微博）

(5) 但凡/只要/*如果心理素质差一点的估计都被骗进去了。（BCC：微博）

因此，本文认为，有必要对表达反事实推理的"但凡"句的句法搭配和语义解释进行重新考察，并确认它与"如果"句、"只要"句间的异同。具体来说，本文将在第 2 章中总结"但凡"引导的反事实复句相关先行研究，并提出问题。第 3 章中就"但凡"引导的反事实句的句法特征进行考察，第 4 章和第 5 章引入可能世界语义学观点对"但凡"的各句法特征进行解释，以确定"但凡"作为连词引导反事实复句时的语义语用特征。

二、"但凡"的先行研究及存在问题

"但凡"的研究文献不多，目前仅有徐营（2009）、李毅（2010）、李雪松（2011）、卢小群等（2020）4 篇，且均以《红楼梦》等古典文学为考察对象，或是研究"但凡"一词的语法化过程。以上先行研究指出，"但凡"主要有以下两个义项：

A)副词。表"总括某个范围内的一切"，相当于"凡是"或"只要是"。

(6) 断不叫娘子受一点屈待，但凡传送什么，尽来合我们说，没有不奉承的。（卢小群等 2010：39）

B)连词。表示条件关系，用于前分句，后分句常与"也"等与之搭配，具有口语色彩，多见于北方方言。相当于"只要"。另外也可表假设关系，相当于"如果"。

（7）赵姨娘叹口气道："阿弥陀佛！我手里但凡从容些，也时常的上个供，只是心有余力量不足。"（李毅2010：26）

以上诸文献虽以《红楼梦》等古典文学为研究范本，但从所举用例来看，对"但凡"的使用与现代汉语用法差异不大。李雪松（2011）也指出，在现代汉语中，"但凡"的用法与上述古典文学中的用法基本一致，且使用频率更高，使用范围更广（李雪松2011：58）。因此在研究现代汉语中"但凡"的语义语用功能时，上述研究均有参考价值。其中，对"但凡"一词的语义语用功能做了比较系统论述并提及反事实用法的，有李毅（2010）和李雪松（2011）两篇。

李毅（2010）基于对《红楼梦》的考察，认为"但凡"主要词性为连词，可与动词性短语、名词性短语、主谓短语搭配，后件常用"就、也"等关联词。语义方面，"但凡"偏重条件，近似于"只要"，但也可以表达假设关系，出现在对过去发生的事情表示追悔的语句里⑦，如上文例（3）。

李雪松（2011）同样基于对《红楼梦》中用例的考察，认为"但凡"作为连词时表条件关系，出现在前一小句，而后一小句用"也"搭配，意义相当于"只要"。此外，李雪松（2011）将"但凡"的语用功能分为表限定范围（如例（8））和陈述过去的事情，表追悔（如例（9））两种，后者一般是反事实句。

（8）（金桂）哭道："但凡多嫌着他，也不肯把我的丫头也收在房里了。"（李雪松2011：58）

（9）袭人咬着牙说道："你但凡听我一句话，也不得到这步地位。"（李雪松2011：57）

此外，李毅（2010）、李雪松（2011）均将"但凡"与"但凡是"做了区分，如例（10）-（12）。李毅（2010）认为"但凡是"相当于"只要是"，李雪松（2011）则认为"但凡是"分为"表假设"和"表条件"两种，如例（10）和（11）表假设，（12）表条件。然而，本文认为不应对"但凡"和"但凡是"加以区分，而应统一看作连词"但凡"引导的复句。这是因为，参考《现代汉语八百词》中对"是"的用法的总结，一为系动词，二为表强调的焦点算子，如例（13）⑧。而先行研究中所举的"但凡是"例句中，"是"是小句的谓语成分，即系动词。因此，这类例子都可以如（14）、（15）所示，转换为"但凡+主谓小句"的形式。

（10）我但凡是个男人，可以出得去，我必早走了，立一番事业，那时自有我一番道理。（李毅2010：26）

(11) 你但凡是个好的，他们怎得闹出这些事来！（李雪松 2011：57）（12）（邢夫
　　人）冷笑道："但凡是我身上掉下来的，又有一话说……"（李雪松 2011：
　　57）

(13) 是我们解决了这个难题。（吕叔湘 1999：500）

(14) 但凡我是个男人，可以出得去，我必早走了。

(15) 但凡你是个好的，他们怎得闹出这些事来！

基于此，可以对先行研究中"但凡"的用法做出如下两点总结。

A)先行研究认为，连词"但凡"可分为"表条件"和"表假设"两类，其证据是"表条件"的可替换为条件复句关联词"只要"，而"表假设"的可替换为假设复句关联词"如果"。然而，这样的分类方式存在两点问题。首先，王维贤等（1994）、邢福义（2001）、徐阳春（2003）等均指出，"只要"和"如果"都兼具虚拟性（即假设）和条件性，因此只根据与两者的替换可否，很难断言是表条件还是表假设。其次，还存在很多能同时替换成"如果"和"只要"，或者与两者都不能互换的用例。

B)先行研究指出，连词"但凡"引导的复句中，有一部分能够表达过去发生的事，有追悔之意。如例（16）、（17），这些例句的前件 p 均与现实中的已然事实相反，如已然事实中，"他平时不努力"、"（秦可卿）不宽慰"，因此符合反事实表达的特征，属于反事实句。然而，这并不能说明所有表达反事实推理的"但凡"句都是前件 p 表"过去发生的事"且"有追悔之意"。例（18）、（19）均为反例。而现代汉语中，也不乏这样的用例，如（20）、（21）。

(16) 他的智商并不低，但凡平时多努力，考试成绩也不会这么差。（李雪松
　　2011：56）

(17) 但凡宽慰些，这病也不得一日重似一日。（李毅 2010：26）

(18) 兴儿拍手笑道："我们大姑娘不用说，但凡不好也没这段大福了。"（李雪松
　　2011：58）

(19) 平儿正色道："你但凡知礼，只该在外头伺候。"（李雪松 2011：57）

(20) 这是那种武器的一部分，仵作说得不错，但凡是刀，杀人就难以做到伤口
　　不卷。（BCC：江南《九州·缥缈录》）

(21) 这位仁兄，我省得，这件事，我没有错，至少，我的错值得原谅，但凡是
　　个有心有肝的人，就不会对我下这样的辣手。（BCC：柳残阳《凤凰罗汉坐
山

虎》)

因此，笔者认为有必要对"但凡"句中表达反事实推理的用例进一步加以考察，以确定作为连词的"但凡"引导的反事实句（以下简称"但凡"句⑨）在句法搭配以及语义语用方面的特征，并弄清它与"只要"、"如果"引导的反事实复句（以下简称"只要"句、"如果"句）之间的区别。

在对反事实句的甄别上，本文根据蒋严（2000）对反事实句的研究，遵循以下两点原则。

A)反事实句（counterfactuals）是指能够传递与事实相反的意义的语句。所谓"事实"，并不一定是客观事实，也可以是说话人或句子主语所指称的个人的主观所相信的事实。

B)反事实句普遍缺乏形式特征，尤其汉语因为没有时制后移、时态脱节等印欧语系常用的反事实标记，因此更难判断。同样形式的句子可能有事实解和反事实解两种解释，如（22），如果在踢点球前说，即为事实解，如果在踢点球后说，即为反事实解。因此，本文将根据语境判断句子是否表达反事实语义。

（22）如果巴治奥踢进了那个点球，意大利队就可以进入半决赛。（蒋严2000：267）

三、"但凡"的句法搭配特征

3.1 关联词搭配

李毅（2010）、李雪松（2011）等先行研究指出，"但凡"句后件常与"就"、"也"搭配。本文从BCC语料库中无差别抽取2000例"但凡"用例并从中依序甄选出表达反事实关系的"但凡"句100例，发现其中引导结果分句的关联词除先行研究提及的"就"、"也"外，还常见副词"都"。100例"但凡"句中，"就"、"也"、"都"各有25、22、24例，其余29例无关联词。

"但凡p，就q"以及"但凡p，也q"形式——即用"就"、"也"来引导后件的用例中，"但凡"基本都能与"如果"或"只要"互换。如例（23）-（26）。（23）替换为"只要"后语义上有违和感，但只从句法搭配角度是可说的。

（23）他整天跟我絮叨，让我告诉他龙骨藏在哪里，说我只要说出来，我们就能发财。 但凡/如果/??只要 我真知道，我就把龙骨卖了，早日逃出这个家。（BCC：谭恩美《接骨师之女》）

（24）这是无耻的弥天大谎，我 但凡/如果/只要 有一只手能动，就要把你打翻在地！

（BCC：卡尔麦《印第安酋长》）

（25）但凡/如果/只要有三寸宽的活路，她也不会当上暗门子。（BCC：李碧华《霸
王别姬》）

（26）洪安通老乌龟向来只关心他自己，连苏姐姐他也不管，但凡/如果/只要对苏
姐姐好些，也不会戴绿帽子了。（BCC：令狐庸《续鹿鼎记》）

然而，"但凡 p，都 q"形式的用例中，"但凡"基本能和"只要"替换，但都不能
替换为"如果"。换言之，"但凡"和"只要"能与"就"、"也"、"都"搭配，但"如果"
只能与"就"、"也"搭配。

（27）莲子从来没有问过顾秋水："你一走，我和孩子怎么办？"她知道，但凡/*
如果/只要包天剑能给顾秋水一点钱，顾秋水会留下。（BCC：张洁《无字》）

（28）但凡/*如果/只要做过班干部唱过票都不会这么土吧。（BCC：微博）

（29）但凡/*如果/只要我有其中一个，都不会在这无能为力的挣扎。（BCC：微博）

3.2 分句形式

李毅（2010）对《红楼梦》中用例考察指出，"但凡"句前件形式多样，可为动词
性短语、名词性短语、主谓短语形式，也可以用在主语之后、谓语之前。这些搭配形式，
在现代汉语的用例中也同样适用。例（30）-（33）分别对应这四种形式。

（30）再者以他的武功造诣而论，但凡偷袭暗算，决无失手之理。（BCC：司马翎
《饮马黄河续集》）

（31）可是但凡有点理智的女人绝对不会选这样的人当自己的男人。（BCC：微博）

（32）孩子们，但凡你们有考虑一点点别人，都不会如此！（BCC：微博）

（33）朝廷但凡拿郑家后代当个人，我郑克爽哪里能到今日这个不人不鬼的地
步？（ BCC：令狐庸《续鹿鼎记》）

所有名词性短语作前件的句子，"但凡"都不能替换成"如果"。如例（31）和（34）、
（35）。而这些用例基本上能替换成"只要"。

（34）但凡/*如果/只要有点人性的人，就不会做出这样的恶事。（BCC：科技文献）

（35）"她不是那种性格的人。她太喜爱他了。""但凡/*如果/只要真心相爱的女人，
谁都不是那种性格。"（BCC：简·奥斯汀《劝导》）

不过，并非所有"但凡+名词性短语"的用例都可以换成"只要+名词性短语"，如
（36）这样表单数名词时，就只能用"但凡"而不能用"只要"。即，（36）可以说成"只

要正常人"，但不能说"只要一个正常人"。

（36）他肯定是疯子。但凡/*只要一个正常人没有那么干的。（再录）

3.3 分句中的共现元素

"但凡"与"只要"都只能与表示必然性（即概率为100%）的副词共现，如例（37）、（38）。而不能像"如果"句一样，与表示必然性和可能性（即概率不为100%）的副词共现，如（39）、（40）。

（37）小云朵啊,但凡/如果/只要我能够得着你,我一定也尽我所能,取悦你。（BCC：微博）

（38）"我确实是走投无路了。"马青诚恳地说,"但凡/如果/只要还能混下去我决不加这塞儿。……"（BCC：王朔《一点正经没有——"顽主"续篇》）

（39）如果/*但凡/*只要他取得了继子的地位,也许早把财产折腾光了。（日中⑧：《活动变人形》）

（40）如果/*但凡/*只要没有抗菌素,或许我的生命就不会延续到今天。（日中：《轮椅上的梦》）

因此，如表1所示，在句法搭配方面，"但凡"与"只要"基本相同，但"但凡"的前件可以是表单数的名词性短语，"只要"则不可以。而"但凡"与"如果"差异较大，主要体现在 1）可以与"都"共现，2）前分句可以是名词性短语，3）后件不能与表可能性的副词共现。但要强调的是，"但凡"句的句法搭配特征与"只要"句很相似，并不能说明"但凡"和"只要"具有相同的语义。事实上，很多前件不是单数名词性短语的"但凡"句同样很难与"只要"句互换，如上文（23）就是一例。因此，要弄清"但凡"有别于其他两种复句关联词的特点，还需要进一步分析语义语用功能。

表 1 "但凡"、"如果"、"只要"的句法搭配特征对照

	但凡	如果	只要
能否由"都"引导后件	+	−	+
前件能否是表复数的名词性短语	+	−	+
前件能否是表单数的名词性短语	+	−	−
能否与表可能性的副词共现	−	+	−

四、"但凡"句的逻辑分析

4.1 可能世界与反事实表现

从"但凡"句与"如果"句、"只要"句的句法形式比较可知,"但凡"句具有能够与全称量词"都"共现、不能与表示可能性的副词共现等特点,因此,我们可以考虑从模态语义学——即可能世界语义学视点对"但凡"句做逻辑分析,以确定它的语义及语用特征。

一般认为,"可能世界"这一概念,最早是由莱布尼茨(1710/2007)提出的。莱布尼茨认为,除现实世界外,还存在着许多与之平行的可能世界,现实世界是众多可能世界中平等的一个,是已经实现了的可能世界。20世纪中期以来,克里普克(1972/2001)等开始尝试改造和发展莱布尼茨提出的可能世界概念,形成了一种模态语义学理论,又称可能世界语义学。从最宽泛的意义来讲,凡是能够被无矛盾想象的世界都是可能世界,而现实世界是可能世界的一个特例,因为它不仅能够被无矛盾想象,而且现实存在。换言之,"可能世界"主要用来表示,事物除现实中的存在方式外,还可以有另外的存在方式。吴新民(2006)指出,对可能世界的认识向来有两个方向,顺时针方向是对现有的"可能"世界做出估计,从而预见现实世界的未来,而逆时针方向是对历史上曾有的"可能世界"及其命题做回溯分析。前者研究是否"将会如此"的问题,后者研究是否"本该如此"的问题[11]。

可能世界语义学常用于讨论语言中具有"虚拟性"的表达,如现代汉语复句中以"只要p,就q"为代表的条件句和以"如果p,就q"为代表的假设句,尤其是能够对已知命题做回溯分析的反事实条件句[12]。因此可能世界语义学被广泛应用于反事实表现相关研究上。

以例(41)为例,前件"我那时有稍微的怀疑"和后件"最后不是那般的结局"在现实世界中虽然是假命题,但还存在着"我那时有稍微的怀疑"为真的可能世界,这样的可能世界中后件"最后不是那般的结局"也为真。也就是说,在"我那时有稍微的怀疑"为真的可能世界里,"最后不是那般结局"也为真。

(41)但凡我那时有稍微的怀疑,最后便不该是那般的结局。(BCC:微博)

换言之,反事实条件句中的后件虽然在现实世界中是假的,但从模态逻辑视角来看,它应该是"偶然假"而非"必然假",也就是说,后件并非在所有可能世界中都是假的,至少在p为真的可能世界里,q也为真。

4.2 可能世界与可能性/必然性

此外，可能世界理论也可以解释必然性与可能性，并且与全称命题有一定的关联。

可能世界理论对现代模态逻辑的一个主要影响就是对"可能性"和"必然性"等模态逻辑基本概念的刻画上。克里普克（1972/2001）将现实世界记作 W，可设想的可能世界记作 W1,W2……Wn 等。如果命题 p 在所有可能世界中都是真的，那么 p 必然真，记作 □p 真。而命题 p 在至少一个可能世界中是真的，则 p 可能真，记作 ◇p 真。

据此，可以将能够与表"必然性"和表"可能性"副词共现的反事实条件句分别记作（42）和（43）。上文已经提到，p→q 可以理解为，在 p 为真的可能世界 wp 中，q 为真。也就是说，（42）可以解释为，在所有 p 为真的可能世界 wp 的集合 Wp 中，q 都为真。而（43）则表示，在至少一个 p 为真的可能世界 wp 中，q 为真。"但凡"和"只要"只能表示前者，而"如果"也可以表示后者。那么也就是说，"但凡"和"只有"本身就包含了表示"必然性"的逻辑语义，而"如果"在不被表示必然性副词限制的情况下，并没有表达这一语义的功能。

（42）$\square$（p→q）

（43）$\lozenge$（p→q）

鉴于此，首先可以尝试解释"但凡"与"只要"能够与"都"搭配的问题。很多逻辑学家都提及，模态词□、◇和量词∀、∃之间的相似之处，即□a 实际上也可以解释成"在所有场合 a 都成立"，◇a 则可以理解成"存在某一个或某些场合使 a 成立"。尽管弓肇祥（2002）指出，模态词比量词具有更多内涵，但仅从刻画量的角度来看，两者基本上是共通的。换言之，"但凡"与"只要"引导的复句如果用全称量词来表示的话，就极有可能是以下两种形式中的一种。前者可以描述成，所有 x 使 p 为真的可能世界里，q 必为真。后者可以描述成，p 为真的可能世界中，附加任何条件 x，q 皆为真。可以看出，无论前者还是后者，p 或 p 相关的隐含条件 x 都是一个复数变量，这与副词"都"的句法形式要求刚好是一致的。

（44）$\forall x[p（x）\rightarrow q]$

（45）$\forall x[p \wedge x \rightarrow q]$

蒋严（1998）、李宝伦等(2009)均指出，当"都"单用（即不与"每"共现）且左向关联一个复数性成分时，可以看作全称量词。如例（46），"都"关联的是复数成分"大伙儿"时，整个句子可以看作一个全称命题，即当 x 属于"大伙儿"，x 同意。

（46）大伙儿都同意。（吕叔湘 1999：177）

（47）∀x[大伙儿（x）→同意（x）]

"但凡"和"只要"句中p是复数性成分这一点，可以通过如下两个现象来印证。

首先，"但凡"和"只要"引导的复句中，（48）这样的逻辑成立。徐阳春（2003）指出，"只要"表示最低条件。也就是说，如果低于条件p的要求，就不能保证结果必然出现，如果高于条件p的要求，也同样能够保证结果q必然出现[13]。如（49）可以解释为，这场比赛打成平局的可能世界里，无论是平还是赢，无论是1-0赢还是2-0赢，中国队都能出线。但如果不能保证p为真的可能世界存在，也就是说如果中国队输掉了这场比赛，那么q为真也不能保证了。

（48）（但凡/只要p，则q）→（但凡/只要p∧x，则q）

（49）只要这场比赛打成平局，中国队就能出线。（徐阳春2003：56）

本文在同意这一观点的同时，也认为，在实际语言中，附加条件x并不只是对p在数量上增加或减少，而有可能是（50）这样内容上相关但数量上无关的条件，它无法定义是高于还是低于p的要求。因此，本文认为，应该将"最低条件"进一步定义为，保证p为真的可能世界存在。而"但凡"和"只要"都表示，在p为真的可能世界里，附加任何命题x，均可以保证q成立。

（50）只要这场比赛打成平局，在另一组的沙特队5-0大胜的条件下，中国队能出线。

"如果"则不具有这样的语义特征。仇一帆（2009）指出，"如果"句虽然表充分条件，但（51）这样的变换无效。例如，（52）变为（53）后，很可能不成立。

（51）（如果p，则q）→（如果p∧x，则q）

（52）如果这火柴擦着了，它就会亮起来。（仇一帆2019：191）

（53）？如果这火柴擦着了，在没有氧气的条件下，它就会亮起来。（仇一帆2019：191，有改动[14]）

因此可以认为，"但凡"和"只要"引导的前件p，有隐含条件x这一变量，使其成为一个集合而不是单一命题，但"如果"没有。

其次，"但凡"和"只要"能够与名词性短语共现，而名词表类属，可以理解为同属性的变量x的集合。如例（54），就可以解释成"x属于有点儿人性的人的集合"，并用（55）来描述，所有属于有点儿人性的人的集合的x都不做这样的恶事。而该例若要替换成"如果"，就必须像（56）这样加上"是"，变成动宾短语。虽然看起来语义相近，但实则是把表类属的名词集合，变成了主谓宾形式的单数命题。也就是说，"如果"句是限定了主语 S，再通过（57）对（55）赋值。它的逻辑语义应描述为，已知所有属于有点儿人性的人的集合 X 中的要素 x 都不做这样的恶事，而 s 不属于 X。因此可以得出结论，"但凡"和"只要"引导的前件 p 是一个复数命题的集合，表示所有 p 为真的可能世界中，q 都为真。而"如果"引导的前件 p 是一个单一命题，它的作用是给"但凡"或"只要"描述的全称命题赋值。

(54) 但凡/只要/*如果 有点人性的人，就不会做出这样的恶事。(BCC:《科技文献》)

(55) $\forall x[$有（x，人性）$\rightarrow!$做（x，恶事）]

(56) 但凡/如果 是有点人性的人，就不会做出这样的恶事。

(57) $\forall x[x \in X] \wedge s \notin X$

(58) 但凡/只要 有点儿人性的人都不会做出这样的恶事。如果 他是有点儿人性的人，就不会做出这样的恶事。

4.3 命题数与推理形式

通过 4.2 的论证可知，"但凡"和"只要"引导的前件 p 都表达复数命题，这些复数命题有两种形式，一种变量 x 是使 p 为真的要素，另一种变量 x 是 p 为真的情况下附加条件 x。前者 p 本身是复数命题，后者的 p 虽然是单数命题，但加上变量 x，即成为复数命题是（p$\wedge$x）。据此推断，"但凡"和"只要"引导的前件 p 本身，就应该既可以是单数命题，也可以是复数命题。然而从实例来看并非如此，比如（59）、（60）这样的例子中，p 不是表类属的名词集合，而是被数量词限定为表单数的名词性短语，"但凡"就不能替换为"只要"。

(59) 但凡/*只要 一个正常人没有那么干的。(再录)

(60) 但凡/*只要 一个正常人，怎么不待见最好朋友的男友。(BCC:微博)

此外，例（61）、（64）这样 p 不是单数名词短语，"但凡"却依然不能换成"只要"的例子也很常见。本文观察这些用例发现，包括 p 是单数名词性短语的例子在内，这些例句都可以归结为 p 为假不是会话双方共知而是说话者主观判断的例子，换言之，它们都表达对 p 命题证伪。这两种用例的区别，可通过对（61）、（62）和（63）、（64）的比较来直观判断。前者的 p"前几天抽出一下午写稿"和"当年我能住上平房"为假都是可以通过已然事实进行判断的，为会话双方所共知。而后者的 p"我们大姑娘不好"以及"我真知道"都是说话者想要通过反事实推理来证伪的。前者可以替换为"只要"，

后者则不能。同样，徐阳春（2002）指出"只要"句能够表达反事实推理时所举的用例
也属于前者，如例（65）。

(61) 唉，|但凡/只要|前几天能抽出一下午写稿，何须悲催至此。（BCC：微博）

(62) |但凡/只要|当年我能住上间平房，我现在还两袖清风呢。（BCC：王朔《无人
喝采》)

(63) 我们大姑娘不用说，|但凡/*只要|不好也没这段大福了。

(64) |但凡/*只要|我真知道，我就把龙骨卖了，早日逃出这个家。

(65) 其实，杜长官并非不知道形势的险恶，他之所以这样报告委员长，是因为他
明白，委员长能够容忍打败仗的将军，却不能容忍部下对他有哪怕一丝一毫
的不忠诚。在去向问题上，|只要|他表现出一丝犹豫或不坚定，那么第二天
坐在那里的就不是他而是别的什么人了。（徐阳春 2002：70）

但并非所有"只要"句都不能表达证伪，如上文例（54），或将（59）的前件 p 改
为复数形式，都可以用"只要"。换言之，"但凡"用于证伪时，有两种反事实推理形式，
一种如（67），是"所有 x 属于正常人的集合 X 的可能世界中，q 都成立。但事实上主
语 s 做了这件事，所以主语 s 不属于正常人的集合 X"。这种证伪的推理形式可以与"只
要"互换，同时也是"如果"赋值前的前提。而另一种如（68）所示，是"单数命题 p+
任意条件 x 均可使 q 为真，但现实中 q 为假，因此可推出 p 为真的可能世界不存在"，
这种推理形式为"但凡"句独有，不能替换为"只要"。

(66) |但凡/只要|正常人，没有那么干的。

(67) $\forall x[x \in X（正常人）\rightarrow!干（x，这件事）]$

(68) $\forall x \exists a[是（a, 正常人）\wedge x \rightarrow!干（a, 这件事）]$

五、"如果"与"但凡"表示必然性及可能性的差异

至此，通过对"但凡"的 p 所表示的可能世界的研究可知，"但凡"与"只要"的
区别主要在于当通过反事实推理来证伪时，"但凡"引导的前件 p 既可以是单数命题也
可以是命题集合，但"只要"只能是命题集合，因此"只要"不能通过证明 p 为真的可
能世界不存在这一手段来证伪。此外，"如果"引导的前件 p 只能是单数命题，在不与
表示必然性的副词共现的情况下，"如果"本身并没有表示必然性的语义。

本章将进一步探讨"但凡"与"如果"和表示必然性副词共现时的差异，以说明"如

果"只是对全称命题赋值的问题。

前文提到，"如果"本身不表示必然性，但从以下两例对比可以看出，不与表必然性或可能性副词共现的"如果"句（69）和与表可能性副词共现的（70）在语义上并不一致。这说明，"如果"本身虽然不能表示"所有 p 为真的可能世界中 q 均为真"，但与"至少一个 p 为真的可能世界中 q 为真"的可能性表现也不完全一致。此外，即使与表示必然性的副词共现，"如果"句也同样不能与"都"搭配，前件 p 也不能是名词性短语。换言之，"如果"无论是否与表必然性的副词共现，前件 p 都不能是集合，也不能做全称判断。这些都说明，与"如果"共现的可能性和必然性副词，并不是在限定 p→q 能够成立的可能世界的量。

(69) 如果我刚才不在这儿的话，就不会听见你骂我的话了。（蒋严 2000：266）

(70) 如果我刚才不在这儿的话，可能就不会听见你骂我的话了。

这一现象能够通过"如果"对全称命题的赋值来解释。如"如果"与表示可能性的副词共现的例（71）。看似删掉表示可能性的副词"恐怕"之后，该句就能替换成"但凡"句（如（72）），但其实两者的推理过程相差甚远。"但凡"句如（73）所示，表示"马谡听从王平的劝告为真的所有可能世界里，附加任何条件 x，蜀国胜利均为真"，而"如果"句则如（74）所示，表示"所有 x 为真的可能世界里，蜀国胜利为真，而存在至少一种 x，使马谡听从王平劝告能够对 x 赋值"。

(71) 如果当时马谡听从王平的劝告，街亭之战恐怕将是另外一番结局了。（李晋霞 2010：53）

(72) 但凡当时马谡听从王平的劝告，街亭之战就将是另外一番结局了。

(73) $\forall x[听从（马谡，王平的劝告）\wedge x→赢（蜀国，街亭之战）]$

(74) $\forall x[x→赢（蜀国，街亭之战）]\wedge \exists x[x=听从（马谡，王平的劝告）]$

与表必然性副词共现的句子也可以做同样解释。（75）和（76）例看似意思没什么差别，但"但凡"句表示的是，"我混得下去为真且附加条件 x 的可能世界中我不加塞皆为真"，如（77）所示。但"如果"句表示的则是，"所有 x 为真的可能世界里我不加塞皆为真，且所有 x 均等于我混得下去。"。

(75) 但凡还能混下去我决不加这塞儿。

(76) 如果还能混下去我决不加这塞儿。

(77) $\forall x[混得下去（我）\wedge x→!加塞（我）]$

(78) $\forall x[x→!加塞（我）]\wedge \forall x[x=混得下去（我）]$

130

换言之，"但凡"句旨在证明 p→q 为真，p→q 是句子的断言部分，而"如果"句旨在给预设 p→q 赋值，从而证明当 p=x 时，x→q 为真，而与"如果"句共现的表可能性或必然性的副词，并不限定 x→q，而是限定 p 这个赋值是必然等于 x，还是可能等于 x。

六、结论及今后展望

综上所述，本文通过与"如果"、"只要"的对比，对"但凡"引导的反事实条件句进行分析，发现"但凡"与"只要"和"如果"并不能完全互换。

首先，"但凡"与"只要"在形式上虽然相似，且 p 为假是会话双方共知的句子中，"但凡"与"只要"所表达的语义基本一致，但 p 为假是说话人的主观判断，即证伪句里，"但凡"比"只要"的反事实推理方式更灵活，"但凡"引导的前件 p 既可以是集合也可以是单数命题，前者变量在 p 分句内，要证明的是主语不属于使 p 为真的可能世界集合，后者的变量在 p 分句外，是附加条件，要证明的是 p 为真的可能世界是一个空集。"只要"只有前一种推理。

而"如果"虽然与"但凡"、"只要"都表示反事实推理，有时即使互换也能说得通，但其实与两者的推理形式相去甚远。"但凡"和"只要"都表达全称命题，前件 p 要么是复数形式，要么隐含一个复数形式 x，而"如果"的 p 只是一个单数命题，它的作用是给全称命题赋值。关于"如果"的前件 p 是单数命题这一点，还可以参考伊藤（2007）。虽然推导过程和比较对象不同，但伊藤（2007）同样指出，"如果"句前件 p 只表示单数命题，不能表示命题集合。因此可以认为，尽管"如果"句与"但凡"句、"只要"句同样有反事实条件句用法，但在推理过程中与两者是完全不同的。

附注

1) 本文初稿在中国语文法研究会 2022 年度第一次学术沙龙（2022 年 3 月 13 日）上宣读，得到与会老师的宝贵建议，特此致谢。此外，本文在修改过程中得到大阪产业大学张黎教授及关西学院大学王棋老师的宝贵意见和建议，在此表示衷感谢。

2) 所谓反事实推理（reasoning counterfactually），指根据跟已知事实相反的假设条件来进行推理。所谓反事实表达，（counterfactual expressions），指表达反事实推理的语句，通常是由反事实的假设条件小句和相应的结果小句组成的（参看袁毓林，2015：127）。

3) BCC 语料库（http://bcc.blcu.edu.cn/）（北京语言大学语言智能研究院）简称 BCC。

4) 参见李毅（2010：26）。"倘若、假如"与"如果"同属假设复句，本文看作与"如果"同义。

5) 参见李雪松（2011：58）。

6) 本文用"*"表示不能说的句子（即错句），用"?"表示语法上虽无错误，但句义有违和感的句子，用"??"表示语法语义上都能说，但关联词替换后，语义出现较大变化的句子。

7) 参见李毅（2010：25-26）。

8) 参见吕叔湘（1980/1999：496-502）。

9) "但凡"引导的复句有事实句和反事实句两种。由于事实句不是本文研究对象，因此本文中"但凡"句仅指反事实句。

10) "日中对译语料库"（第一版）（2003、北京日本学研究中心）简称"日中"。

11) 参见吴新民（2006：66-67）。

12) 虽然"如果p，就q"句相比表条件，更偏重于表假设，但很多现代汉语先行研究将表达反事实内容的"如果p，就q"句也称为"反事实条件句"（如蒋严2000，袁毓林等）。也有研究将其称为"反事实假设句"（如李晋霞2010等）。本文不涉及"如果p，就q"应归为假设句还是条件句的讨论，因此为避免名词过多引起混乱，暂统称为反事实条件句。

13) 参见徐阳春（2003：56）。

14) 原文为"如果这火柴被点燃了，却没有氧气"，为与其他例子做更直观对比，本文略加改动。

参考文献

弓肇祥2003.《可能世界理论》，北京：北京大学出版社。

蒋 严1998. 语用推理与"都"的句法/语义特征，《现代外语》第1期：11-24。

蒋 严2000. 汉语条件句的违实解释，《语法研究和探索（十）》：257-279。

克里普克1972/2001.《命名与必然性》（梅文译），上海：上海译文出版社。

莱布尼茨1710/2007.《神义论》（朱雁水译），北京：生活·读书·新知三联书店。

李宝伦、张 蕾、潘海华2009. 汉语全称量化副词/分配算子的共现和语义分工——以"都""各""全"的共现为例，《汉语学报》第3期：59-96。

李晋霞2010. 反事实"如果"句，《语文研究》第1期：53-55。

李雪松2011.《红楼梦》中"但凡是"、"但凡"、"凡是"的语法意义分析，《辽宁工业大学学报》（社会科学版）：56-59。

李 毅2010.《红楼梦》中"但、但凡、凡是、但凡是"考察，《语言应用研究》：25-26。

卢小群、杨怀文2020. 现代汉语 "凡" 类副词语法化新探,《汉字文化》第1期: 37-40。

吕叔湘1999. 《现代汉语八百词(增订本)》,北京: 商务印书馆。

仇一帆2019. 模态的可能世界语义中的可能世界和条件句,《智库时代》第10期: 191-195。

王维贤、张学成、卢曼云、程怀友1994. 《现代汉语复句新解》,上海: 华东师范大学出版社。

吴新民2006. 论哲学逻辑可能世界理论的应用价值,《内蒙古社会科学》第27卷第5期: 66-69。

邢福义2001. 《汉语复句研究》,北京: 商务印书馆。

徐阳春2002. 《现代汉语复句句式研究》,北京: 中国社会科学出版社。

徐阳春2003. "只要p,就q" 表示最低条件,《浙江树人大学学报》第3卷第3期: 55-58。

徐 营2009. 浅谈《红楼梦》中 "凡是" 的语法化,《现代语文》第12期: 32-33。

伊藤さとみ2007. 中国語における条件文:「如果」と「无论」の比較分析,『日本東洋文化論集(13)』:
31-57。

袁毓林2015. 汉语反事实表达及其思维特点,《中国社会科学》8期: 126-144。

从汉日对比角度看汉语无标因果复句

李丹芸

（大阪大学）

摘要： 汉语教学中关于因果复句关联标记一般做如下说明：可以在前后分句都使用连词，也可以只用一个或不使用连词。关联标记的使用看似自由，实则不然，因果复句中的"指令性因果句"，对关联标记有一定的使用限制。本研究结合日本学习者的偏误，从汉日对比角度阐述这类无标因果复句的特点，并对大阪大学汉语本科专业教材进行分析，讨论因果关联标记在复句教学中的教学策略。

关键词： 因果复句 无标 复句教学

一、引言

　　因果复句是较为常见的复句类型，连词作为典型的复句关联标记，常作为复句教学中的知识点。基于汉语意合的特点，复句中关联标记不是必须出现的语言形式。汉语教材中对连词的使用一般做如下说明："可以成对使用，也可以使用一个"；在一些为语法参考书中还补充说明道"汉语复句中可以不使用连词"（刘月华，2001）。汉语复句中关联标记的使用看似十分自由，但在实际的教学观察中，笔者发现日本学习者有这样一类偏误：

　　（1）*a.这个菜很好吃，所以你尝尝吧。

　　（2）*a.今天我请客，所以你们想吃什么就吃什么吧。

　　此类句子中，前一分句为说话人对某一事物的评价，后一分句为说话人对听话人的"指令性"言语行为，该行为基于前一分句产生，联系较为紧密，本文将其称为"指令性因果句"。从复句逻辑关系上看，此类句子前后分句之间为因果关系，但使用关联标记时其接受度较低。该类句子为何不使用关联标记？我们应将其看作复句还是流水句？回答清楚这些问题有助于我们更清晰地了解汉语因果复句的特点。

　　同时，我们有必要讨论汉语复句教学中过度依赖关联标记作为教学内容，而忽略无关联标记复句的问题。关联标记在汉语复句教学中一直占重要地位，《发展汉语》、《成功之路》等经典的系列教材中，以关联标记作为复句知识点贯穿各个阶段是较为常见的模式。在关于复句的课堂教学活动中，多以"连词+连词"或"连词+副词"的成对形式呈现语言结构；在复句教学的研究中，关联标记也是重点的研究对象。但从语言事实的角度来看，复句中使用关联标记的情况并不占多数。语法学界早就认识到汉语复句的关联标记可以省略，许多学者也从宏观角度对其进行了讨论研究。王力（1936）指出："子句与子句的关系，在中国语里，往往让对话人意会，而不用连词。"吕叔湘（1982）认为："复句既是由两个或更多的词结合成的，词结和词结的结合既然凭着种种关系，这些关系也可以用关系词明白表示，也可以含着着不言而喻。"張黎（2001）认为："意合语法不拘泥于句法形式的限制，直接以语义为组合直接单位。"姚双云（2006）对《人民日报》语料样本的复句组成情况进行统计，结果表明，无标复句占72%以上，而有标复句只占28%左右。无标复句是汉语复句的常见类型，而教学中关联标记却使用较多。乍看之下，上述的语言现象和教学方法之间似乎有一定矛盾。本研究以大阪大学汉语本科专业教材『チャイニーズ・プライマー』为个案研究，考察该教材中因果复句的关联标记使用情况，并针对在日汉语复句教学提出一些建议。

二、指令性因果句特点

本研究认为，指令性因果句的主要特点是，前一分句是说话人对某一事物的判断、评价等认识，后一分句是说话人发出的指令，该指令行为的参与者为听话人或同时包含说话人和听话人，前后分句行为参与者不完全一致。语义上后一分句是说话人给听话人的建议、邀请、提议、要求、命令等指令。根据指令强制性的不同，关联标记的可接受度也有不同表现。指令强制性较低时，一般不使用连词作为关联标记，随着强制性程度的提高，使用关联标记的可接受度有所上升。

以上述学习者偏误为例，较为自然的表达方式如下：

（1）b.这个菜很好吃，你尝尝吧。

（2）b.今天我请客，你们想吃什么就吃什么吧。

学习者产生偏误的主要原因为母语负迁移，在日语中，此类句子在前一分句多使用表因果关系的接续词「から」或「ので」。学习者将母语词和汉语词一一对应进行产出，但汉语中这类因果关系句子和典型的因果复句不同，不宜使用关联标记，从而造成偏误。

根据赛尔的言语行为理论，言语行为可分为断定式、指令式、承诺式、表情式、和宣告式五类。其中指令式言语行为在行为主体上与其他几类有所不同。指令式言语行为表明说话人试图使听话人做某事，而其他的言语行为中，参与行为的主体都是说话人，表达说话人自己的判断、承诺、感情等。指令性因果句中，前一分句是说话人的认识，后一分句是说话人对听话人的指令。说话人无法确保在前一分句中，听话人和自己有着相同的认识和理解，也不能保证后一分句的行为必然发生，这无法满足前后分句之间具有较强的事理性联系。

沈家煊（2003）参照 Sweetser 的理论将复句的概念系统分成行域、知域、言域三个不同的认知域。在因果复句中，行域是事理的因果关系，知域是推理上的因果关系，言域是言语行为的因果关系。前两者分别对应说明性因果句和推断性因果句。汉语教学语法参考书中，对于"说明性因果句"和"推断性因果句"都有较为详细的阐述。但是对于表明说话人言语行为原因的一类因果句并没有作过多说明。而上文所述日本学习者产生的偏误，正是这一类因果句，本研究认为，指令性因果句可看作第三类因果复句。此类复句在逻辑上虽为因果关系，但与典型的说明性、推断性因果句不同的是，后一分句与前一分句在事理上没有较强的连锁性。这里的因果是言语行为的逻辑，即说话人由前一分句中认识判断的"因"，而产生后一分句中言语行为的"果"，即"为什么要说出后一句话"。指令性因果复句与典型因果复句中"由因推果"的客观联系存在一定的矛盾。

从已然、未然范畴角度而言，本文认为指令性因果句中，后一分句为"未然表现"，且说话人并不能明确预判听话人的行为。大河内康宪（1997）指出，汉语的因果逻辑关系是一种"已然表现"，这种"已然"既包括已进行的、已完成的事实，也包括未进行但已经能明确预见其行为的发生。而指令性因果句虽然在言语行为上包含因果关系，但不符合汉语典型因果复句的特点，因此不宜使用连词。而在"命令、要求"一类强制性较高的指令中，尽管说话人依然不能预见后一分句中听话人的行为，但在说话人的主观意识中，强制性较高的指令与其意识之间具有极强的连锁性。由此说话人在主观认识上趋近"已然表现"，并且认为能够明确预见行为的发生。相比于"建议、邀请"等强制性较低的指令，强制性较高的指令中关联标记的可接受度更高。此时说话人使用关联标记，在语言形式上凸显前后小句的联系，能够达到加强语气的效果。换言之，在一些特殊的语言表现形式中（如相声、小品等），也可以通过在强制性较低的句子中加入关联标记，造成一定的语义矛盾，以达到反差效果。

关于"指令性因果句应归为复句还是流水句"的问题，本研究认为尽管这类因果句逻辑关系上的联结相对较弱，我们仍应将其视为复句。首先，这类句子的前后分句相互独立又互相依存，符合复句的特征，且逻辑关系如上文所述，存在言语行为上的"因果聚合"。其次，指令性因果句在已然未然范畴上虽与典型的因果复句不同，但指令的强制性程度较高时，其"可预见性"也会增加，更加符合因果复句"已然表现"的特点。最后，现有的复句理论体系大多以关联标记作为划分依据，如邢福义（2001）依据关联标记划分出复句三分系统中的二级分类，但汉语复句中关联标记不是必须出现的形式。已有研究表明，古代汉语中，形合类的复句占比重非常少；而现代汉语在语言接触中受西方语言的影响，关联标记使用增多，许多隐含的语义关系在形式上有所体现（黄弋桓 2018；黄兰堞 2018）。本研究认为，复句的划分除了依托关联标记外，还应考虑无标复句的划分依据。虽然无标复句可以从语义上判断前后文，但用于语言教学、机器翻译等领域时，仍然需要依托一定的具体形式。复句研究应关注句中其他语言结构，如主语、副词、时间词等，作为无标复句逻辑关系的判断依据（大河内康宪 1997）。此外，通过与重形合的语言（如日语）进行对比，也能帮助我们更好地了解汉语复句的特点。

三、教材中因果关系句关联标记隐现情况

从语言事实和已有研究来看，汉语复句中无关联标记是常见现象，有标复句占比较少，其中还存在关联标记单用的情况，成对使用的形式所占比重并不大。但目前多数对外汉语教材和教学设计主要以成对关联标记为教学点展开，二者之间看似存在一定的矛盾。本研究认为，首先汉语复句中关联标记能够以成对形式出现，其本身便是汉语的类型学特点。现代汉语受西方语言的影响，关联标记使用增多，但汉语由于其自身的"对言特点"，在复句层面也保持了"成对使用"这一习惯。沈家煊（2019）提出的"对言语法"指出："汉语的对言不仅是一种修辞手段，不分雅俗，贯通口语和书面语，而且要求形式对称，已经格式化。"本研究认为，尽管成对关联标记在复句中占比较少，这仍然是汉语的重要类型学特征，是"对言语法"在复句层面的一种体现。

另一方面，在对外汉语教学中，以成对关联标记作为知识点进行复句教学更符合教学环境和学生水平。近年来，汉语界学者致力于突破西方语言的参照系，提出和完善切合汉语语法的理论，但目前大多数学习者仍需要参照印欧语言的语法体系知识来学习汉语。本研究认为，对外汉语教学环境中，教师的课堂语言以汉语为主，较少使用学生母语。在学生语言水平有限的前提下，复句关联标记的成对教学方式恰恰可以起到一定的桥梁作用，帮助学生在接触汉语初期就能体会汉语与其他语言存在明显差异，让学生感受汉语"成对、相对"的特点。这种"对言特点"很难用一句规则直接教给学习者，需要学习者在大量输入后逐渐习得，也就是所谓的"培养语感"。因此在对外汉语教学初

级阶段，以成对形式教授复句关联标记，并作为复句教学的主要内容是较为合理的。

同时我们也需要注意，在外汉语教学与对外汉语教学差别较大，对外汉语教学的方法不一定同样适用于在外汉语教学。以在日汉语教学为例，学生在非汉语环境中学习，教师在课堂中多以日语作为教学语言。本研究中日本学习者产生的偏误例句也是学生受到母语影响而产生的，因此在日汉语教材的编写更应该结合日本学习者的特点进行设计。本研究选择『チャイニーズ・プライマー』作为个案研究，考察教材中因果复句关联标记的隐现情况。该教材由日本学者古川裕编写，用于教授大阪大学本科一年级汉语专业的学生，课文及练习以对话形式为主，口语色彩明显。统计结果如下：

表1 『チャイニーズ・プライマー』教材因果复句关联标记使用情况

	成对形式连词	单独使用	无连词	总计
说明性因果句	0	4	49	53
推断性因果句	0	0	3	3
指令性因果句	0	0	31	31
总计	0	4	83	87

根据统计，该教材中共出现因果复句（包含"因果顺序"和"果因顺序"）87例，其中有标因果句共4例，均为说明性因果句，使用的关联标记为果标"所以"，其他例句均没有使用因果关联标记。各类因果复句的编排比例方面，说明性因果句占60.9%，推断性因果句占3.4%，指令性因果句占"35.6%"。统计结果表明，该教材的因果复句中说明因果句比例较高，指令性因果句次之，推断性因果句较少；教材中因果复句无标形式占比较高，结合教材的语体特点，较为符合汉语母语者的复句表达习惯。

本研究选取教材中的两组例句，结合实例说明指令性因果句不使用连词作为关联标记的特点。

（3）a.我没听懂，他又说了一遍。　　　　b.我没听懂，所以他又说了一遍。

（4）a.我没听懂，请你再说一遍。　　　　*b.我没听懂，所以请你再说一遍。

本组例句中，例（3）a和例（4）a为教材原句，其中例（3）a为说明性因果句，例（4）a为指令性因果句。两个例句均可以不使用关联标记，但在使用关联标记时，说明性因果句对语言表达的自然流畅与否影响不大，如例（3）b；而指令性因果句在使用关联标记后，语义上"要求、命令对方"的程度有所增加，这与后一分句"请求"等强制性较低的指令之间产生一定矛盾，因而接受程度较低，如例（4）b。尽管在实际的语言表达中，配合较为强硬的语气语调时也存在例（4）b这类用法，但这并不是初级阶段需要掌握的知识，故不作为本文讨论范围。

（5）a.这个电影很有意思，你可以看看。 *b.这个电影很有意思，所以你可以看看。

（6）a.那儿不让进，你们千万不要进去。 b.那儿不让进，所以你们千万不要进去。

本组例句中，例（5）a和例（6）a为教材原句，均为指令性因果句。对比二者可以发现，加上关联标记后，由于语义的强制性不同，关联标记的可接受程度也有区别。例（6）b的后一分句是说话人对听话人的强制要求，在说话人的认知中后一分句的行为发生概率较高（即"不进去"），前后分句之间关联性较强，这和因果句前后具有较强逻辑关系的特点是一致的；相对地，例（5）b中，说话人在言语行为上并没有强制要求听话人实施，使用凸显的关联标记时可接受程度较低。

『チャイニーズ・プライマー』教材中，除了"因果复句关联标记使用较少"的特点以外，笔者还注意到，该教材没有把因果复句的关联标记作为语言结构的知识点编入讲解部分，这与多数对外汉语教材有明显不同。本研究认为，这种调整符合在日汉语教学的环境特点，同时也适合其他在外汉语教学环境作为参考。在外汉语教学中，教师使用母语进行解释说明的情况较为常见，语法知识的讲解也有所增加。日本学生受母语重形合特点的影响，在语言输出时较多使用因果标记，因此在教材编写时无需刻意强调关联标记的使用。另一方面，针对"指令性因果句"这类关联标记使用有限制的复句，教师可以结合课文中的句子，带领学生进行对比及模仿输出练习，并用母语简单介绍其特点，帮助学生减少偏误。

需要注意的是，『チャイニーズ・プライマー』并非完全舍弃关联标记的讲解，针对日本学习者易出现偏误的"关联副词"，教材进行了说明解释。汉语复句的关联标记并非单一类型，成对形式有"连词+连词"和"连词+关联副词"的不同组合；单独使用时，"连词+关联副词"可以省略连词，但一般不省略关联副词。此时连词和关联副词在功能上有相似之处，都可用于连接两个分句，但词性的不同制约着它们在分句内的具体位置。即使学生之前已经学习过副词的规则，在学习复句时仍然很容易产生偏误。在外汉语教学中，学习者母语背景较为一致，偏误类型也具有一定的倾向性，学习者群体不同，其偏误也有各自的特点。编写教材时，应针对所在国学习者的独特偏误有预见性和防御对策，设计适合该群体的本土化教材。

四、结语

　　指令性因果句是用法较为特殊的一类因果复句，前一分句是说话人基于对某一事物的认知而做出的判断、评价，后一分句是说话人发出的指令，该指令行为的参与者为听话人或同时包含说话人和听话人，前后分句的行为参与者不一致。语义上是说话人给听话人的建议、邀请、提议、要求、命令等指令。指令强制性较低时，说话人无法明确预见行为的发生，这与汉语的因果复句的"已然表现"产生矛盾，关联标记会凸显已然特点，故不使用；强制性程度较高时，说话人认知中后一分句的行为发生可能性较高，使用关联标记的可接受度会有所上升，此时关联标记能够起到加强语气的作用。

　　指令类因果句在口语中十分常见，但日本学习者受母语形合特点的影响，在指令性因果句中容易出现偏误，过多使用关联标记。本研究认为，教师可以通过对比的方式，带领学生发现并总结指令性因果复句的用法特点；教材编写上无需完全照搬对外汉语教材的模式，应结合日本学习者的特点，在复句教学中，重点说明学习者易产生偏误的关联标记，容易过度使用的关联标记则有的放矢，不作为本课知识点，在课文处理时点到即可。中国教师参与在日汉语教学时，可与本土教师合作，了解学习者特点，条件允许的情况下还可以掌握一些日语知识，有助于更好地开展在日汉语教学活动。

参考文献

大河内康憲 1997.『中国語の諸相』，東京：白帝社。

古川裕 2001.『チャイニーズ・プライマー』，東京：東方書店。

黄弋桓、黄兰堞 2018. 汉英关联词语隐现分析，《牡丹江大学学报》第 27 卷第 6 期：63-65。

刘月华 2001. 《实用汉语语法（增订本）》，北京：商务印书馆。

沈家煊 2003. 复句三域"行、知、言"，《中国语文》第 3 期：195-204。

沈家煊 2019. 《超越主谓结构》，北京：商务印书馆。

王　力 1936. 中国文法学初探，《清华大学学报（自然科学版）》第 1 期：21-77。

王中祥 2021. 从常规关系看复句关联标记的隐现，《语言与翻译》第 1 期：25-30。

邢福义 2001. 《汉语复句研究》，北京：商务印书馆。

姚双云 2006. 复句关系标记的搭配研究与相关解释，华中师范大学博士学位论文。

张恒悦、古川裕 2021. 关于在日汉语教学语法体系的几点思考，《汉语教学学刊》第 2 期：93-101。

張　黎 2001. 『漢語意合語法学綱要』，中国書店。

汉语双音副词的意合机制

——兼论以知识本体建构为取向的汉语语法研究

张黎

（大阪产业大学）

摘要： 本文以构建知识本体系统为语法研究的取向，对汉语（张谊生的副词词表）近千个双音副词的两个语义节点间的常识结构的关联做了初步描写。

本文认为，汉语副词的认知定位是对汉语动相结构的细度刻画，双音副词的语义结构是两个语义支点的组合。这两个语义支点是该词语所反映语义场景中具有凸显意义的的语义节点。通过两个语义节点可以激活该语义场景，使语义场景浮现。同时对两个语义节点的解读是共时的常识性解读，我们认为这是该词语共时平面的重新分析。词的义项是知识结构网络节点，是知识结构的基本范畴。义项的知识结构化势在必行。

关键词： 副词　意合　语义节点　知识网络

一、副词的语法定位

1.1 汉语的一个不争的事实是，汉语没有形态标记，从形态上很难确定汉语词语的句法类别。因此汉语的词语类别只能从功能上，或语义认知层面上进行划分。如果说汉语有词类，那这种词类也只能是语义类，或心理认知层面上的类别。而这种语义类就决定了词语在句法功能上的各种表达。内容词和功能词的划分理据也在此。一般的说，内容词对应于事物，动作或性质和状态的表达，而功能词对应于内容间的语义关系的表达或对某一实体(事物、动作、性质和状态)的细度刻画。比如，我们可以认为量词和方位词是对事物的细度刻画。同样我们也可以认为副词是对动相的细度刻画。

动相这一概念在吕叔湘（1942）中指动作具有语法意义的各种状态，包括方事相、既事相、起事相、继事相、先事相、后事相、一事相、多事相、短事相、尝事相、屡发相、反复相。吕先生的动相论不仅是汉语语法是汉语语法的时态理论的宝贵财富，同时也为副词的语法定位提供了理论基础。可以说，汉语副词的语法定位就是副词是对汉语各种动相的细度刻画。

副词的这种对动相的细度刻画的语义属性就决定其句法特征：

a 位于谓语之前，对动相进行限定、描写或评价。

b 没有完句功能，一般不能充当谓语。（有完句功能的是兼类）

1.2 细度刻画有赖于对各类副词的语义类别的再分类。张谊生（2014）把副词分为描摹性副词，评注性副词，关联副词，否定副词，时间副词，频率副词，重复副词，程度副词，范围副词，协同副词。这种分类从整体上对副词做了语义分类，是汉语副词研究的基础性分类。但另一方面，我们认为还应在此基础上进一步对各类进行细度刻画。比如，可以对时间副词进行细度刻画：

> 时点：主观性时间：早就 早已 终于 迟早 早晚 老早
>
> > 客观性时间：已然：已经 曾经 刚刚
> >
> > > 未然：将要 就要 马上
> > >
> > > 方然：正在 当即
>
> 时频：向来 从来 老是 总是 通常 往往 经常
>
> 时长：一直 一向
>
> 时联：起先 而后 随即 即刻

可见，仅以时间副词概括这些与时间相关的副词是不够的。必须细度描写时间的各种属性，才能深化对时间副词的研究。

又如，张谊生（2014）对描摹性副词做了表方式，表状态，表情状，表比况等的分类，这种分类有助于进一步描写描摹性副词。不过，我们认为还可以进一步加大对这类副词的细度刻画。比如，表方式类一般都是涉身性描摹，因此我们可以进一步从身体部位的分类进行细度刻画。比如：

步：一步 放步 举步 安步……	口：一口 大口 信口 极口……
声：高声 大声 小声 尖声……	手：一手 白手 出手 就手……
眼：一眼 亲眼 正眼 冷眼……	睛：定睛 凝睛……
目：一目 怒目 纵目 刮目……	耳：充耳 亲耳 侧耳……
身：只身 舍身 随身 纵身……	脚：一脚 前脚 后脚 失脚……
神：全神 定神 凝神……	腿：撒腿 拔腿……
臂：振臂 攘臂……	首：俯首 翘首 昂首……
腕：扼腕……	足：企足 捷足……
膝：促膝 屈膝……	头：一头 当头 劈头……
肩：并肩 比肩 摩肩……	嘴：顺嘴 张嘴……

息：屏息 停息 ……	词：严词 厉词 托词 ……
言：好言 巧言 直言……	语：一语 好语 恶语……
心：一心 潜心 精心……	情：任情 纵情 酌情……
意：肆意 姿意 蓄意……	

上述表方式类的次范畴多是与人类身体器官、言语行为或精神活动器官相关的。反映了人类以自我为中心对方式性动相进行细度刻画的认知倾向。

二、 复合词的语义构造

2.1 汉语双音复合词的理据至少包括如下要素：

a 双音复合词是意象整合的产物。

b 双音复合词不仅仅是两个语义单位的加合关系，而是一个语义场景的显现。复合词的两个组成单位只是语义场景中突显的前景信息，其背后关涉语义场景的百科知识系统。

c 双音复合词的两个单位在语义上各司其职，有着丰富的语义内涵。

d 每一个单位都是一个 ID，即语义芯片。当然，每类语义芯片的构造是有所不同的。

上述思想启发我们运用意合语法的理念建构汉语双音复合词的内在机制。为此，基于意合语法理念，张黎（2022）提出如下意合底库模式，用以解释汉语各层级语言单位（包括双音节合成词）的意合机制。

组合体1　　组合体2

百科知识库　　百科知识库

词库（词典）　　词库（词典）

构式库　　构式库

物性结构　　物性结构

动相结构　　动相结构

性状结构　　性状结构

事象类型　　事象类型

语义场	语义场
语义关联	语义关联
属性知识库	属性知识库
…………	…………

　　组合体指一个复合型语言单位的构件，包括语素组合，词的组合，短语的组合以及句子间的组合。对于合成词来说，就是指两个语素的组合。百科知识库，即百科知识系统。包括词库，构式库，物性结构知识库，动相结构知识库，性状结构知识库，事象类型库，语义场知识库，语义关联知识库，属性知识库，等等。其中词库就是词典；构式库主要指各种句式的总和；物性结构指对名物的语义描写。动相结构指对动作的各种状态的语义描写（即时体特征）。性状结构指对各种性质和状态的描写。语义关联则是指对各种语义关联的描写。语义场知识库指词义的聚合性和组合性的语义网络。属性知识库则是指对一个词的常识性知识的描写。我们认为，
以上意合底库可以使我们用一个统一的框架描写和刻画不同层次的语言单位间的组合规则。

　　2.2 双音词意合微观模式：1+1=1 模式

　　汉语双音合成词是典型的 1+1 的意合结晶。1+1 的含义就是两个音义体之间的加合关系。两个音义体之间只要有某种被该言语社团认可的语义关联的话，就可以合二为一，意合成词。

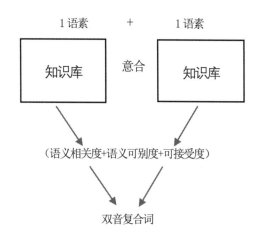

一般说来，复合词是两个语素间的语义属性的组合。从上图可以看出，由两个语素形成合词成时要经过一个意合过程。这个意合过程包括：语义相关度，语义可别度和语义可接受度的甄别和接洽。

语义相关度是指复合词的两个成分在人类常识知识系统中的关联程度。人类的常识知识是以一个潜在的、系统化了的形式存在的。在这个系统中，语义范畴或语义属性有层次之别，也有类别之分。一般来说，在同一个层次内的，或在同一类别内的语义范畴或语义属性关联度高的，进行组合的可能性就大；关联度低的，进行组合的可能性就小。比如，有"飞机""飞鸟""飞人"的组合，却没有"飞水""飞土""飞饭"的组合。这是因为在常识只是中"机""鸟""人"可"飞"，而"水""土"不能"飞"。当然可以有"飞沙""飞沫"之说，这也是由于在我们的常识认知中认定某种动力使之然的结果。

语义可别度是指两个成分在语义场景中的指称度。一般来说一个复合词背后有一个语义场景，可别度要求成分成分能最大限度地涵盖和代表场景信息。比如"谢幕"表达的是演出结束后，表演者对观众表达感谢时的场景。在这个场景中会涉及很多因素：演出很精彩，观众很兴奋，掌声阵阵，大幕降下又升起，喝彩声此起彼伏，等等。这一切都是"谢幕"所表达的完型场景。但是只有"谢"和"幕"这两个语义支点的结合体最能简明地在双音节的结构中表达上述场景的丰富内涵。

语义可接受度是指二成分的组合要符合语言系统表达习惯和规约。比如在新冠肺炎肆虐情况下，日语中出现了"默食""默浴"的新词语，虽然是汉字词语，但对不懂日语的人很费解。而在日语的汉字词语系统中却是很自然的组合，意为"默默地就餐""默默地入浴"，即"请就餐时不要大声说话"，"请入浴时不要大声喧哗"。本来日语的汉语词中有"默哀""默悼""默认""默读"等词语，是一种有意为之的沉默行为，但在在新冠肺炎肆虐这种特殊情况下，由"默X"产生了上述新词。这在日语的汉字词系统中是可接受的。但这种新词在汉语的系统中却是难以出现、难以接受的词语。这说明语义可接受度是说复合词的两成分的组合要符合该语言的表达习惯和该语言的结构制约。

2.3 语义链是百科知识系统在语言上所形成的语义链条。一个语义链由若干个语义节点和语义关系构成。比如：

动作链：施事-动作-对象；工具-动作-对象；场所-动作-对象；方式-动作-对象……

属性链：属性-事物；质料-事物……

事件链：原因-结果；前提-结论……

在百科全书知识系统中语义链是以离散状态存在于语言社团的集体意识中的。而当语言表达一个具体事象时，这种离散的语义链条、或曰知识链条（常识链条）就会呈现出一种有序的完型结构。在语言形式上就表现为一个语言构式，一个语言格式，或一个合成词形式。

汉语复合词表达的是一个语义场景。这个语义场景是由若干百科知识的范畴，事件和关系形成的。语言表达是以线性方式表达多维语义场景的。因此在语言表达中，语义场景就会以语义链的形式呈现出来。同时，语言结构也不可能反映出语义场景的全部信息，语言结构只提供理解语义场景的必要信息。对于双音复合词来说，就只能以两个字单位涵盖这个语义场景。这样，在复合词成词过程中，截取语义场景中的哪一部分用以形成复合词就是一个十分重要的问题。当然这就涉及两个单位间的语义相关度，语义可别度和语义可接受度。

一般说来，语义场景所具有的百科知识系统中的常识关系决定着复合词语义相关度的不同类型。这种类型大体可分：

（1）直接型语义链接：指在常识结构中直接关联的语义节点的链接。如：工人，凡人，超人。"工""凡""超"是"人"在不同语义层面上的的直接属性，两个语义节点在知识结构中是直接相关的。或者可以说"工""凡""超"是"人"的下位分类。

（2）间接型语义链接：指在常识结构中间接相关的语义节点的链接。如：网购，光控。在常识结构中，"网"和"购"不直接相关，而是在"在网上购物"（方式+动作行为）这样的语义结构中实现的。

（3）多层型语义链接：指同一语义场景内的不同层次，不同事件间的语义节点间的链接，如：谢幕，养病，躺枪。这类组合的两个语义节点不在同一个事件结构中，而是一个语义场景中代表不同事件的语义节点间的组合。"谢幕"中的"谢"和"幕没有直接的语义关联，而是"感谢观众"和"落下帷幕"这两个事件中具有突显意义的成分的组合。

（4）隐喻转喻链接：指通过隐喻或转喻而形成的组合。如：下海，充电，拉黑，山寨，内卷，躺平等。这种组合所表达的意义并不是字面意义，而是通过转喻或隐喻所形成的意义。"下海"比喻"经商"，"充电"比喻"养精蓄锐"。

（5）跨界关系链接：指双音组合的两个语义节点代表着不同界面的事件间的语义关联。如：因此，然而，对于，关于等。"因此"中的"因"和"此"是不同界面的语义节点，反映着不同界面间的语义关联。

2.4 综上所述，双音复合词是两个语义节点按一定的语义关联构成的语义结构。我们把这种结构称之为语义包。之所以不直接称之为语义结构，是因为语义结构可以指各种层级的语言单位，包括词、短语、句子、句群或篇章。而复合词的语义结构是一个完形了的固定单位，虽然其内部也有语义结构，但其整体的所指只能是一个特定了的对象。我们用如下形式表示

语义包：〈A（X）B〉

其中〈〉表示语义包的前界和后界，A 和 B 表示两个语素，表示两个语义节点；X 表示 A 和 B 间的句法语义关系。这里需要注意的是：

（一）单音节词和双音节复合词的形成理据是有所不同的。单音节词的能指和所指是一对一的实现关系，而双音节复合词的两个语素间的关系是能指和能指之间的组合关系。两个能指符号按照一定的句法语义关系共同构成了一个整体用以对映一个所指对象。这可图示为：

（二）语义节点是知识片段，不同的知识片段依据一定的语义关系构成语义链，并由此形成知识网络。语义节点落实在语言层面上，就是语素中的义项。A 和 B 代表着两个语素，每个语素可能有多个义项，而每一个具体的双音复合词都是由两个具体的义项依据一定的语义关系而形成的。

（三）X 指两个语素间的句法语义关系。句法语义有两个层面：一个层面是纯句法层面上的关系，包括主谓，动宾，动补，联合，偏正（状中、定中）。另一个层面是上述句法关系所涵盖的语义关系。一个具体的复合词，其语义包是由两个语义节点按照一定的语义关系构成的，而纯句法关系则是这些具体语义关系的抽象概括。比如我们对"究竟"的语义包描写如下：

究竟：〈追查→全部〉

其中，"追查"是"究"的基本义项，"全部"是"竟"的基本义项，符号"→"表

示动宾（支配）关系。

　　复合词的两个语义支点是该词语所反映语义场景中具有凸显意义的的语义支点。通过两个语义支点可以激活该语义场景，使语义场景浮现。同时对两个语义支点的解读是当代人对词语的解读，也可认为是当代人对该词语的重新分析。由于语义描写的元语言范畴的贫乏，人们苦于用一套既成的概念范畴系统来描写语言知识，或曰语言的百科全书知识系统。为此，我们把词典中义项的描写作为我们描写双音副词的两个语义支点的初始概念范畴。这种范畴不同于词的本义或基本义（当然可能有重合），而是一个义项在共时平面上的知识节点，或曰常识节点。

三、 双音副词的语义构造

　　这里，我们按照上述观点对张谊生（2014）中所给出的 731 个双音副词的语义构造做〈A（X）B〉式的穷尽性描写。正如上文中指出的那样，A 和 B 代表两个语义节点，X 代表 A 和 B 间的句法语义关系，这种句法语义关系包括：→表示支配关系；∧表示合并关系；＋表示加和关系；＞表示限定关系；＝表示等同关系；≥表示陈述关系。

（一） 评注性副词（113）

难怪〈不易→责怪〉	毕竟〈完成→全部〉	简直〈简单∧不曲〉
难道〈不易→说出〉	索性〈要求→性子〉	莫非〈难道→不是〉
究竟〈追查→全部〉	到底〈到达→最下〉	莫不〈没有∧不是〉
亏得〈有缘＋词缀〉	幸而〈运好＋承接〉	反倒〈反而∧逆反〉
多亏〈量大＋有缘〉	幸好〈运好∧好在〉	倒反〈6 版没有此词〉
幸亏〈运好∧有缘〉	反正〈负向∧正向〉	确乎〈的确＋后缀〉
断乎〈绝对＋后缀〉	显然〈明显＞如此〉	诚然〈实在＞如此〉
必然〈肯定＞如此〉	居然〈意外＞如此〉	当然〈应该＞如此〉
确然〈真实＞如此〉	竟然〈意外＞如此〉	固然〈本来＞如此〉
断然〈绝对＞如此〉	或许〈有的∧约数〉	恰恰〈刚好＝刚好〉
果然〈的确＞如此〉	也许〈重复∧约数〉	恰好〈刚好∧合宜〉
果真〈结局≥真实〉	兴许〈或者∧约数〉	恰巧〈刚好∧恰好〉
正巧〈话时∧恰好〉	偏巧〈意外∧恰好〉	确实〈的确＞实在〉
正好〈话时∧合宜〉	偏好〈意外∧合宜〉	委实〈曲折＞实在〉
刚巧〈刚好∧恰好〉	偏偏〈意外＝意外〉	着实〈接触∧实在〉

其实〈那个≥实际〉	甚至〈极点>达到〉	实在〈实际>存在〉
绝对〈唯一>正确〉	甚而〈极点 + 词缀〉	乃至〈就是>达到〉
约莫〈大约∧揣测〉	八成〈数量>单位〉	左右〈左=右〉（基本范畴）
大约〈大致∧约莫〉	宁肯〈选择→同意〉	高低〈高=低〉（基本范畴）
大概〈大致∧大略〉	宁愿〈选择→愿望〉	多少〈多=少〉（基本范畴）
大小〈大=小〉（基本范畴）	准保〈准确>保证〉	终归〈最后>结果〉
好歹〈好=坏〉（基本范畴）	管保〈负责>保证〉	终于〈终结 + 词缀〉
横竖〈横=竖〉（基本范畴）	终究〈最后>推求〉	总算〈全部>为止〉
似乎〈好像∧仿佛〉	敢是〈把握>判断〉	算是〈认作→判断〉
倒是〈相反>判断〉	可是〈实在>判断〉	就是〈仅仅>判断〉
还是〈选择>判断〉	硬是〈执拗>判断〉	真是〈的确>判断〉
好像〈程度>相同〉	俨然〈庄重>样子〉	万万〈极限=极限〉
仿佛〈双声叠韵〉	看似〈视觉>如同〉	千万〈很多∧极限〉
依稀〈双声叠韵〉	貌似〈表面>如同〉	非得〈否定>必要〉
必定〈一定>确定〉	定然〈确定>样子〉	务必〈一定>必须〉
必须〈一定=需要〉	一定〈专一>确定〉	分明〈界限≥明显〉
的确〈实在>确实〉	想必〈推测→必定〉	明明〈明显=明显〉
何必〈为什么>一定〉	不愧〈没有→惭愧〉	未始〈没有→开始〉
何不〈为什么>否定〉	不免〈不能→避免〉	未尝〈没有→经历〉
不妨〈没有→妨碍〉	未免〈未必→避免〉	无非〈不→就是〉
无妨〈没有→妨碍〉	根本〈本源∧根源〉	本来〈根源>源点〉
当真〈作为→正确〉	只好〈仅限>选择〉	原来〈原本>源点〉
敢情〈 + 〉方言	只得〈仅限>必须〉	

（二）关联副词（0）

（三）否定副词（11）

没有〈否定>存在〉	不屑〈否定>值得〉	徒然〈仅仅>样子〉
不堪〈否定>承受〉	不由〈否定>听从〉	枉然〈白白的>样子〉

不消〈否定>需要〉	白白〈无代价=无代价〉	空自〈无果>自然〉
枉自〈白白>自然〉	徒自〈仅仅>自然〉	

（四）时间副词（56）

马上〈？〉	少顷〈量小>短时〉	登时〈立刻>时间〉
顷刻〈短时>时间〉	立刻〈马上>时间〉	然后〈连词〉
顿时〈稍停>时间〉	永远〈长时=长距〉	旋即〈快速∧马上〉
然而〈连词〉	已经〈已然>经历〉	将要〈将来+>临界〉
早就〈过时>成就〉	曾经〈过时>经历〉	行将〈活动>将要〉
暂且〈暂时>姑且〉	早已〈过时>已然〉	新近〈初现=时短〉
一向〈同一>方向〉	起初〈开始∧初始〉	从来〈所标>源点〉
一直〈同一>不断〉	向来〈从前>源点〉	随即〈跟从∧马上〉
起先〈开始∧先头〉	历来〈一向>源点〉	终于〈终点+词缀〉
业已〈行业>已然〉	霎时〈短时>时刻〉	徒然〈无用>样子〉
迟早〈或晚=或早〉	刚刚〈前时=前时〉	老早〈程度>以前〉
早晚〈或早=或晚〉	猛然〈突变>样子〉	原来〈起初>源点〉
当即〈面对∧马上〉	立时〈立刻>时刻〉	从此〈起于>这里〉
正在〈当下∧进行〉	即刻〈马上>时刻〉	先后〈在前=在后〉
立即〈立刻∧马上〉	快要〈不久>将现〉	平时〈通常>时间〉
应时〈顺应→时间〉	随后〈跟随→以后〉	仍然〈不变>样子〉
自来〈从>源点〉	将次〈将现>下一〉	依旧〈按照→原样〉
至今〈到→现在〉	就要〈马上∧将现〉	一朝〈突然>一天〉
一旦〈突然>一天〉	早早〈在先=在先〉	

（五）频度副词（27）

通常〈整个>不变〉	总是〈一直>指代〉	一时〈短暂>时间〉
往常〈过去>不变〉	终日〈整段>一天〉	每常〈反复∧不变〉
老是〈经常>指代〉	方才〈正当>不久〉	久久〈时长=时长〉
久已〈时长>已然〉	陆续〈陆地>相继〉	往往〈过去=过去〉

屡次〈数大>动量〉	常常〈不变=不变〉	每每〈反复=反复〉
不断〈否定>终止〉	经常〈正常>不变〉	不时〈不定>时间〉
有时〈存在≥时间〉	一度〈短时>一次〉	继而〈跟着+词缀〉
时时〈时间=时间〉	依次〈按照→顺序〉	接连〈接着∧连续〉
偶尔〈间或+后缀〉	相继〈互相>跟着〉	频频〈多次=多次〉

（六）重复副词（6）

一再〈如一>反复〉	重新〈又一次>更新〉	再三〈反复>多次〉
再度〈反复>次数〉	重行〈又一次>进行〉	从新〈又一次>更新〉

（七）程度副词（66）

不胜〈否定>承受〉	多么〈度高+后缀〉	分外〈限度>超常〉
无比〈否定>比较〉	非常〈不同>平常〉	过于〈超过+后缀〉
大为〈度高+后缀〉	格外〈规格>超常〉	过分〈超过→限度〉
倍加〈翻翻儿>合一〉	何其〈多么>指示〉	极度〈顶点>程度〉
好不〈强调>逆反〉	何等〈多么>等级〉	极为〈顶点>断言〉
顶顶〈最高=最高〉	及其〈关连+词缀〉	极端〈顶点>边际〉
颇为〈程度>断言〉	十分〈顶点>计量〉	相当〈相互>匹配〉
深为〈深度>断言〉	特别〈超众>区分〉	异常〈不同>一般〉
甚为〈极度>断言〉	万分〈大量>计量〉	至为〈到达>断言〉
最为〈超过>断言〉	不很〈否定>程度〉	略微〈微量∧细小〉
不大〈否定>大量〉	不甚〈否定>极度〉	略〈微量>断言〉
不太〈否定>极量〉	略略〈微量=微量〉	稍稍〈一点儿=一点儿〉
稍许〈一点儿∧有些〉	微微〈细小=细小〉	有点儿〈存在→一点儿〉
稍微〈一点儿∧细小〉	些微〈些许∧细小〉	大大〈量大=量大〉
稍为〈一点儿>断言〉	有些〈存在→些许〉	比较〈程度=程度〉
较比〈程度=程度〉	更其〈递进+词缀〉	越加〈倚变>增加〉
较为〈程度>断言〉	更为〈递进>断言〉	尤其〈突出>指示〉
更加〈递进>增加〉	越发〈倚变>发生〉	尤为〈突出>断言〉

几乎〈接近＋词缀〉	愈益〈倚变＞渐增〉	绝顶〈极点＞顶点〉
益发〈渐增＞发生〉	愈为〈倚变＞断言〉	绝伦〈极点＞同类〉
愈加〈倚变＞增加〉	愈发〈倚变＞增加〉	透顶〈饱满＞顶点〉
极顶〈最高＞顶点〉	到顶〈到达→顶点〉	至极〈到达→极点〉

（八）范围副词（38）

通通〈全部＝全部〉	全部〈整个＞部分〉	大凡〈大多＞大概〉
统统〈总括＝总括〉	全然〈整个＞样子〉	但凡〈只要＞大概〉
统共〈总括∧总计〉	凡是〈总共＞判断〉	举凡〈提出→大概〉
通共〈全部∧总计〉	总共〈汇集∧总计〉	只管〈仅仅＞负责〉
唯有〈单单＞存在〉	单独〈无双∧一个〉	只是〈仅仅＞判断〉
唯独〈单单＞一个〉	只消〈仅仅＞度过〉	仅只〈仅仅∧仅仅〉
尽管〈达限＞负责〉	无非〈否定∧错误〉	独独〈一个＝一个〉
足足〈满＝满〉	不过〈否定＞超过〉	单单〈单一＝单一〉
就是〈肯定＞判断〉	起码〈开始＞筹码〉	仅仅〈范围窄＝范围窄〉
偏偏〈不正＝不正〉	不但〈否定＞仅仅〉	至少〈达到→下线〉
不仅〈否定＞范围〉	非但〈否定（古）＞仅仅〉	最多〈首位＞上线〉
不止〈否定＞停止〉	至多〈达到→上限〉	最少〈首位＞下线〉
顶多〈至高＞上线〉	徒然〈无作用＞样子〉	

（九）协同副词（8）

一并〈一一＞合并〉	一起〈一一＞开始〉	一例〈一个＞例子〉
一总〈一一＞全部〉	一齐〈一一＞同时〉	一块儿〈一一＞共同〉
一道〈一一＞同道〉	一同〈一一＞一样〉	

（十）描摹性副词（416）

一步〈整个＞步〉	安步〈慢慢＞步〉	徒步〈步行＞步〉
放步〈解除→步〉	寸步〈短小＞步〉	疾步〈急速＞步〉
举步〈发起→步〉	故步〈原来＞步〉	正步〈端正＞步〉

健步〈轻快>步〉	快步〈速度高>步〉	阔步〈宽广>步〉
信步〈听凭→步〉	平步〈通常>步〉	纵步〈放任→步〉
徐步〈缓慢>步〉	稳步〈安定>步〉	高声〈音高>声〉
大声〈大量>声〉	低声〈音高>声〉	曼声〈柔长>声〉
小声〈小量>声〉	轻声〈感度>声〉	细声〈弱小>声〉
尖声〈显度>声〉	厉声〈严格>声〉	齐声〈同样>声〉
连声〈不断>声〉	同声〈一起>声〉	一口〈整个>口〉
悄声〈意图性小声>声〉	应声〈回应→声〉	大口〈大小>口〉
柔声〈柔和>声〉	随声〈接着>声〉	信口〈放任→口〉
极口〈顶点>口〉	失口〈丢掉→口〉	随口〈顺便→口〉
亲口〈自己>口〉	空口〈没有内容>口〉	绝口〈断绝→口〉
交口〈一齐>口〉	顺口〈不经意→口〉	缄口〈封闭→口〉
一手〈整个>手〉	就手〈趁着→手〉	拱手〈相合→手〉
白手〈空无>手〉	妙手〈神奇>手〉	信手〈放任→手〉
出手〈开始→手〉	束手〈捆绑→手〉	联手〈联合→手〉
携手〈手拉手→手〉	垂手〈向下→手〉	顺手〈顺便→手〉
亲手〈自己>手〉	措手〈安排→手〉	一眼〈整个>眼〉
袖手〈藏手→手〉	徒手〈空的>手〉	亲眼〈自己>眼〉
正眼〈正面>眼〉	另眼〈其它>眼〉	纵目〈放任→目〉
冷眼〈温度低>眼〉	一目〈整个>目〉	刮目〈改变→目〉
放眼〈使自由→眼〉	怒目〈生气>目〉	侧目〈斜看→目〉
闭目〈合上→目〉	充耳〈塞住→耳〉	只身〈仅有>身〉
定睛〈固定→睛〉	亲耳〈自己>耳〉	舍身〈丢掉→身〉
凝睛〈集中→睛〉	侧耳〈歪斜→耳〉	随身〈跟从→身〉
纵身〈放任→身〉	卖身〈出售→身〉	定神〈使安定→神〉
侧身〈歪斜→身〉	洁身〈使干净→身〉	凝神〈使集中→神〉
挺身〈伸直→身〉	全神〈整个>神〉	一脚〈整个>脚〉
前脚〈方位>脚〉	拔脚〈抽出→脚〉	撒腿〈除去→腿〉
后脚〈方位>脚〉	抬脚〈使升高→脚〉	拔腿〈抽出→腿〉

失脚〈失控→脚〉	顺脚〈乘便→脚〉	振臂〈摇动→臂〉
攘臂〈伸出→臂〉	翘首〈抬起→首〉	捷足〈快便>足〉
扼腕〈握住→腕〉	昂首〈仰着→首〉	处膝〈置身>膝〉
俯首〈低下→首〉	企足〈抬起→足〉	屈膝〈使弯曲→膝〉
并肩〈使合一→肩〉	一头〈整个>头〉	蒙头〈昏迷→头〉
比肩〈紧靠→肩〉	当头〈正对→头〉	顺嘴〈无意说出→嘴〉
摩肩〈接触→肩〉	劈头〈冲着→头〉	张嘴〈分开→嘴〉
屏息〈遮挡→息〉	巧言〈虚浮>言〉	婉言〈婉转>言〉
停息〈中止→息〉	直言〈直接>言〉	恶言〈坏的>言〉
好言〈合宜>言〉	一言〈整个>言〉	严词〈严厉>词〉
厉词〈严格>词〉	好语〈合宜>语〉	潜心〈隐藏>心〉
托词〈推托>词〉	恶语〈坏的>语〉	精心〈用心>心〉
一语〈整个>语〉	一心〈整个>心〉	居心〈占据>心〉
苦心〈尽力>心〉	存心〈怀有→心〉	齐心〈使一致→心〉
悉心〈全力>心〉	倾心〈用尽→心〉	衷心〈内部>心〉
成心〈故意>心〉	满心〈整体>心〉	无心〈没有→心〉
真心〈真实>心〉	特意〈特地>意〉	执意〈坚持→意〉
假心〈虚伪>心〉	姿意〈x→意〉	刻意〈深度>意〉
肆意〈放任→意〉	蓄意〈存心>意〉	曲意〈歪曲→意〉
锐意〈锋利>意〉	决意〈决定→意〉	任意〈自由→意〉
有意〈存在→意〉	随意〈顺从→意〉	任情〈自由→情〉
着意〈用心→意〉	无意〈没有→意〉	纵情〈放任→情〉
酌情〈考虑→情〉	一气〈一次>呼吸〉	一应〈整个>全部〉
一发〈一次>越发〉	一哄〈一次>起哄〉	劈脸〈正对着→脸〉
一见〈一次>看见〉	一呼〈一次>呼唤〉	劈面〈正对着→面〉
劈胸〈正对着→胸〉	决计〈决定→计划〉	厉色〈使人怕>态度〉
由衷〈发自→内心〉	拦腰〈正对→腰部〉	屈指〈弯曲→手指〉
矢志〈发誓→志向〉	正色〈严肃→态度〉	放胆〈放任→胆子〉
舍命〈丢掉→生命〉	懒得〈不愿意做＋词缀〉	随地〈顺从→地方〉
死命〈竭尽>生命〉	省得 〈免去>虚〉	随处〈顺从→处所〉

屈尊〈委屈→尊严〉	随时〈顺从→泛时〉	就便〈靠近→方便〉
就近〈靠近→近处〉	顺次〈沿着→次序〉	顺理〈沿着→道理〉
就地〈靠近→当地〉	顺路〈沿着→道路〉	趁机〈趁着→机会〉
顺便〈沿着→方便〉	顺势〈沿着→态势〉	趁便〈趁着→方便〉
趁势〈趁着→态势〉	乘便〈利用→方便〉	乘虚〈利用→虚弱〉
趁热〈趁着→热度〉	乘势〈利用→态势〉	乘隙〈利用→间隙〉
乘机〈利用→机会〉	乘时〈利用→时机〉	乘兴〈利用→兴致〉
悉数〈全部>数目〉	全速〈整个>速度〉	从速〈跟随→速度〉
如数〈正如→数目〉	快速〈快>速度〉	慢速〈慢>速度〉
全数〈所有>数目〉	急速〈急>速度〉	明码〈公开的>标价〉
明令〈公开的>命令〉	纵向〈纵的>方向〉	分头〈分别→方面〉
明文〈公开的>文书〉	全盘〈全部>容器〉	分批〈分别→成堆〉
横向〈横的>方向〉	通盘〈整个>容器〉	居间〈位于→其中〉
居中〈位于→中间〉	凭空〈靠着→空虚〉	并排〈一起>排列〉
居家〈住在→家里〉	凭栏〈靠着→栏杆〉	并行〈一起>行进〉
居功〈占据→功劳〉	凭险〈靠着→险要〉	定向〈确定→方向〉
定点〈确定→地点〉	批量〈成批→数量〉	当面〈对着→面部〉
定量〈确定→数量〉	尽量〈穷尽→数量〉	当场〈正在→场所〉
定时〈确定→时间〉	当众〈对着→大众〉	当机〈正在 + →机会〉
当庭〈正在→法庭〉	私下〈私自>下面〉	即景〈就着→景色〉
当下〈正在→目下〉	即兴〈就着→兴致〉	破门〈使坏→门户〉
时下〈时间→目下〉	即席〈就着→位子〉	破格〈突破→规格〉
互相〈彼此>相对〉	相互〈相对∧彼此〉	托病〈以借口→病〉
互为〈彼此 + 是〉	负隅〈依仗→角落〉	托故〈以借口→事由〉
交互〈关联∧彼此〉	向隅〈面对→角落〉	好生〈非常 + 后缀〉
好歹〈好的=坏的〉	借题〈利用→话题〉	逐个〈挨着→每个〉
好在〈好的>在于〉	借机〈利用→机会〉	逐步〈挨着→每步〉
借故〈利用→事由〉	逐一〈挨着→一个个〉	逐条〈挨着→每条〉
逐日〈挨着>每天〉	日渐〈每天>一点点〉	日见〈每天>渐渐〉

逐月〈挨着→每月〉	日益〈每天>越来越〉	日臻〈每天>渐至〉
逐年〈挨着→每年〉	日趋〈每天>向着〉	终天〈始终>一天〉
终日〈始终>日子〉	连日〈连续>日子〉	平素〈平常∧本来〉
终年〈始终>一年〉	连夜〈连续>夜晚〉	平日〈平常>日子〉
终岁〈始终>岁月〉	连年〈连续>年〉	率先〈带头>首先〉
事先〈时间>先前〉	相率〈互相>带头〉	相安〈相互>安全〉
优先〈上等>首先〉	相机〈相互+〉无	相映〈相互>衬托〉
预先〈预定>事先〉	相提〈相互>提起〉	相依〈相互>依靠〉
擅自〈独揽>自己〉	独自〈一个人>自己〉	暗自〈暗地>自己〉
径自〈直接>自己〉	私自〈自我>自己〉	各自〈每个人>自己〉
竟自〈竟然>自己〉	亲自〈本人>自己〉	紧自〈+自己〉无
照价〈依照→价格〉	照常〈依照→平常〉	按时〈按照→时间〉
照样〈依照→样子〉	照例〈依照→惯例〉	按期〈按照→期限〉
照实〈依照→实情〉	照章〈依照→章程〉无	按理〈按照→情理〉
轮班〈依次→当班〉	无以〈没有→加以〉	无故〈没有→事由〉
轮流〈依次→顺序〉	无端〈没有→头绪〉	一力〈一个>力量〉
轮番〈依次→回数〉	无私〈没有→自我〉	竭力〈用尽→力量〉
鼎立〈支撑→力量〉	奋力〈鼓起→力量〉	大力〈很大>力量〉
并力〈合并→力量〉	死力〈最大>力量〉	悉力〈全力>力量〉
极力〈用尽→力量〉	全力〈全部>力量〉	尽力〈用尽→力量〉
肆力〈用尽→力量〉	一晃〈一次>晃动〉	及早〈赶上→早时〉
通力〈一齐>力量〉	暗中〈黑暗>中间〉	趁早〈趁着→早时〉
专力〈集中→力量〉	暗里〈黑暗>里面〉	夹道〈两者间>道路〉
中道〈中间>道路〉	特地〈特别+助词〉	随笔〈随意>书写〉
如实〈正如→实际〉	特为〈特别>为了〉	着实〈接触→实在〉
如期〈正如→期待〉	一笔〈+〉无	着重〈接触→重点〉
彻夜〈整个>夜晚〉	动辄〈动和不动>总是〉	适度〈合适>程度〉
日夜〈白天=黑夜〉	纯粹〈纯正∧精华〉	循序〈遵守→顺序〉
抢先〈争夺→领先〉	长年〈长期>时间〉	巡回〈巡逻→反复〉
放任〈放纵∧听任〉	被迫〈被动+强迫〉	挂牌〈打出→牌照〉

156

联名〈共同→名字〉　　扶病〈带着→疾病〉　　仗势〈依仗→势力〉

多方〈几个>方面〉　　秉公〈手持→公正〉　　超额〈超过→定额〉

冒名〈冒充→名字〉　　隐约〈隐藏∧大概〉　　驾机〈驾驶→飞机〉

大肆〈非常>放任〉　　哄堂〈吵闹→全场〉　　应运〈回应→命运〉

精诚〈专注∧诚心〉　　驱车〈驾驶→车辆〉　　附带〈附加∧顺带〉

轻易〈随便∧简单〉　　交替〈交互∧替换〉　　微服〈不起眼>服装〉

专程〈专门>行程〉　　成天〈整个>一天〉　　抽空〈抽出→空闲〉

次第〈顺序∧依次〉　　事前〈事件>之前〉　　偷空〈暗自抽出→空闲〉

实地〈实际>地方〉　　厉行〈严格>执行〉　　概然〈大略>样子〉

大举〈大规模>举动〉　　毅然〈坚决>样子〉　　怆然〈不如意>样子〉

难免〈不能>避免〉　　悻然〈怨恨>样子〉　　惨然〈悲伤>样子〉

傲然〈高傲>样子〉　　淡然〈不经心>样子〉　　安然〈平安>样子〉

昂然〈挺胸>样子〉　　悄然〈忧愁>样子〉　　飘然〈轻松>样子〉

断然〈果断>样子〉　　黯然〈阴暗>样子〉　　悠然〈悠闲>样子〉

岿然〈高大>样子〉　　油然〈自然>样子〉　　喟然〈+样子〉

翩然〈轻快>样子〉　　凄然〈悲伤>样子〉　　嫣然〈美好>样子〉

骤然〈突然>样子〉　　荡然〈空荡>样子〉　　爽然〈无主见>样子〉

颓然〈败兴>样子〉　　霍然〈突然>样子〉　　俨然〈庄重>样子〉

寂然〈寂静>样子〉　　迥然〈完全不一样>样子〉　　猝然〈出乎意料>样子〉

哑然〈无声>样子〉　　怅然〈不如意>样子〉　　倏然〈极快>样子〉

勃然〈旺盛>样子〉　　豁然〈开阔>样子〉　　巍然〈雄伟>样子〉

超然〈超脱>样子〉　　公然〈毫无顾忌>样子〉　　悍然〈蛮横>样子〉

蔚然〈盛大>样子〉　　决然〈坚定>样子〉　　截然〈界限分明>样子〉

翻然〈迅速>样子〉　　怡然〈喜悦>样子〉　　潸然〈流泪>样子〉

幡然〈迅速>样子〉　　焕然〈有光彩>样子〉　　惘然〈失意>样子〉

恍然〈突然醒悟>样子〉　　涣然〈完全消除>样子〉　　溘然〈突然>样子〉

赫然〈显著>样子〉　　黯然〈阴暗>样子〉　　漠然〈不在意>样子〉

斐然〈有文采>样子〉　　遽然〈匆忙>样子〉　　泰然〈安定>样子〉

粲然〈鲜明>样子〉　　肃然〈恭敬>样子〉　　定然〈必定>样子〉

昭然〈明显>样子〉	比比〈到处=到处〉	脉脉〈脉搏=脉搏〉
偷偷〈暗自=暗自〉	踽踽〈孤单=孤单〉	耿耿〈明亮=明亮〉
斤斤〈细小=细小〉	落落〈潇洒=潇洒〉	碌碌〈平庸=平庸〉
岌岌〈危险=危险〉	怅怅〈不如意=不如意〉	姗姗〈缓慢=缓慢〉
悻悻〈怨恨=怨恨〉	淳淳〈朴实=朴实〉	婷婷〈高挑=高挑〉
惴惴〈不安=不安〉	谆谆〈恳切=恳切〉	冉冉〈慢慢=慢慢〉
隐隐〈隐约=隐约〉	侃侃〈从容=从容〉	沾沾〈得意=得意〉
源源〈连续=连续〉	津津〈有味道=有味道〉	泱泱〈有气魄=有气魄〉
循循〈一步=一步〉	喋喋〈啰嗦=啰嗦〉	扬扬〈得意=得意〉
历历〈清晰=清晰〉	翩翩〈轻快=轻快〉	辗转〈翻动+翻动〉
孜孜〈勤勉=勤勉〉	依稀〈模糊+模糊〉	囫囵〈整个+整个〉
茕茕〈孤单=孤单〉	仓皇〈慌张+慌张〉	鱼贯〈鱼>一个接一个〉
鱼跃〈鱼>跳跃〉	拂袖〈甩动→衣袖〉	唾手〈吐唾沫→手掌〉
蜂拥〈蜂>拥挤〉	借尸〈利用→死尸〉	洗耳〈清除→耳朵〉
龟缩〈龟>退缩〉	盲目〈看不见→眼睛〉	裹足〈包缠→脚部〉
联袂〈连接→袖子〉	穿梭〈使往来→梭子〉	火速〈火一样>速度〉
联翩〈连续→鸟飞〉	埋头〈使隐没→头部〉	飞速〈飞一样>速度〉
屈驾〈使委屈→大驾〉	击节〈敲打→节奏〉	冰消〈冰雪>消融〉
肝胆〈肝脏∧胆脏〉	偷眼〈偷偷>看〉	死活〈是死∧是活〉
连锁〈相连→连锁〉	粉墨〈粉饰∧笔墨〉	斗胆〈使大→胆子〉
赤膊〈光裸→胳膊〉	拼命〈豁出去→生命〉	弹指〈弹动→手指〉
百般〈多量>各样〉		
万般〈极量>各样〉		
漫天〈满>天空〉		

四、 余论

上文中，我们初步描写了汉语双音副词的语义结构。在这一过程中，如下几个问题需要加以说明。

（1）语义节点的共时性和历时性问题。在描写双音副词的语义结构时，我们是以《现代汉语词典》（第7版）中的义项为基准的。当然，每个义项都有它的语源和历时演变过程，这就形成了词的本义、基本义以及引申义的不同。在本研究中，词的本义指词的最初产生义，词的基本义指在当下共时平面上的最常用义。而词的引申义指由基本义中所生发出的意义。比如《现代汉语词典》（第6版）中"水"的义项有：❶最简单的氢氧化合物。❷河流。❸指江、河、湖、海、洋。❹稀的汁。❺指附加的费用或额外的收入。❻用于洗衣服等的次数。❼姓。显然，在这里"水"的本义等同于基本义，6个义项的设立基本上能解释"水"的词族构成。不过，像"水货"（劣质产品）这样的引申义，我们只能从义项❹中感知出来。实际上，从"稀的汁"到"劣质产品"也是经历了转喻的认知过程的。而"水灵"一词中"漂亮而有精神"的意思，我们从上述7个义项中难以明确推知。显然，"水灵"一词中"漂亮而有精神"的意思应作为一个引申义相而加以确立，是从"水"的物理属性经过转喻而形成的引申义。

从历时角度看，一些双音副词的组合语源难以判明。比如，"马上"这个副词，"马"和"上"以何理据得以成立，我们无从得知。而有些词语的组合理据虽然得以判明，但已于共时平面的意思相去甚远。比如，学界对"甚麼"的前身是"是物"的研究（参见江蓝生1995），其历时语源学的研究令人瞩目，但从共时平面上来看，距离我们对"甚麼"的义项的常识理解和我们对该词语的重新分析的理解相距甚远。探讨这些词语的本义及其语源是历时词汇学的工作。而在本研究中，我们是以义项在共时平面中的组合状况为考察对象的。我们把复合词在共时平面中的义项组合看作对该词语的义项的重新分析（Reanalysis）。因此本研究不探讨词的义项的语源问题，只是依据词典中义项的共时平面的知识来对双音副词的语义组合进行描写。

（2）语义节点在知识系统中的定位问题。语义节点在词典中代表一个义项，而在知识结构中代表着一个认识范畴，是知识网络中的一个网点，也可理解为是一个知识碎片。语义节点在知识结构中有层级的不同，类别的不同，在知识结构中占据不同的位置。有些语义节点是基本认知范畴，比如颜色（黑白），物理属性（大小、前后）等属于基本范畴，而像精神，心态等则属于派生范畴。显然，范畴的等级以及依范畴而构建知识体系是本研究的一个核心问题。本文只是做了初步的描写，真正的体系性建构还有待进一步的研究。

目前，以知识本体建构为取向的汉语语法研究方兴未艾，并已成为当前汉语语法研究的一个热点和重点。本文以汉语双音副词为对象探讨和描写了汉语双音副词的语义结构和构成机制。我们认为，双音副词的这种义项水平的语义节点的组合规则正是汉语知识系统在双音副词中所构成的知识网络。而整个知识网络也正是由这样的具体的子网络而构成的宏网络。因此，对于这种具体的子网络的具体描写和刻画一项基础性的工程。

参考文献:

江蓝生 1995. 说"麼"与"们"同源，《中国语文》第 3 期。

张　黎 2022. 汉语双音复合词的意合机制，大東文化大学『中国言語文化研究』第 11 号。

张谊生 2014. 《现代汉语副词研究》(修订本)，商务印书馆。

汉语意合语法问题研究综述

李梦迪　　　张熙宁

（名樱大学）（神户市外国语大学大学院）

摘要： 本文对汉语意合语法研究进行了综述，旨在为学界提供关于意合语法研究的第一手资料和学术评价。同时，本文也对意合法的最新研究做了简要的介绍，以期能使学界对汉语意合语法研究有一个更加全面的认识。

关键词： 意合　意合法　意合语法

零、引言

　　汉语意合语法的产生和发展是汉语语法史上值得注意的学术事件，它标志着汉语语法学的自我意识的觉醒，在为汉语语法研究提供了一个不同于形态语法学研究的学术范式的同时，也向世界语言学界提出了一个中国语言学研究的范式和理念。

　　作为本土化语法理论，意合语法一反以形态或形式为中心的语法研究传统，这当然要受到习惯于传统语法研究的人们的反对，有人甚至讥讽意合法以语义为汉语语法研究核心内容的做法是"得意忘形"。正如所有反潮流的新思想、新学说一样，意合语法自提出日起，就引起了学术界的争鸣。不过，不论是赞同还是反对，学界都因此而对汉语意合问题以及意合法问题更加关注。而且，经过不同形式的交锋和不同形式的学术思考，加深了学界对汉语的意合问题和汉语意合语法的认识，意合语法本身也在这种争鸣中不断发展，不断完善。张黎在"意合语法三十年"（2018）一文中，对意合语法的来龙去脉和基本理念做了系统性的梳理。本文在其基础上，综述汉语意合语法研究并介绍关于意合语法的各种争鸣意见，以期能使学界对汉语意合语法研究有一个更加全面的认识。

一、学界对意合问题的认识

1．1 外语学界对意合和形合问题的讨论

　　外语学界，特别是翻译学界，在进行对比英汉语言对比研究和进行英汉翻译时，多

有提到意合和形合的问题。李靖民在"形合和意合及 Hypotaxis 和 Parataxis"（2013）一文中说："英语重形合，汉语重意合这一概念，能够高度概括英汉两种语言信息传递机制的基本特征及本质性差异，直接影响到英汉翻译实践的导向问题，因而围绕着形合和意合问题开展的研究，是国内语言学界和翻译界关注的一个重要问题。长期以来，人们一直在从各个不同的角度和层面对形合和意合问题开展研究，参与人数之多，影响范围之广，可以说是空前未有的，凡是学习过英语的人，都听说过形合和意合，都知道英语重形合，汉语重意合"。从国内英汉翻译界的学术文献看，的确可以证实这种说法。

美国语言学家 Nida 在《Translating Meaning》（1982）一书中说，hypotaxis 与 parataxis 的差别或许是英语与汉语最为重要的区别之一。英语学界把意合翻译为 parataxis，意为语义组合，把形合翻译为hypotaxis，意为形态组合。其实，语义组合和形态组合是语言组合的两个不同的层面，同意合语法所说的内涵是不可同日而语的。意合语法是一种语言观，具有本体论价值，这里的"意合"和"形合"代表着不同的语言类型。而 parataxis 和 hypotaxis 是一种方法论上的概念，是句法中的不同层面的组合法。

外语学界的一些研究，正是以 parataxis 和 hypotaxis 为纲，对英汉语言的异同进行了有益的探索。郭富强的《意合形合的汉英对比研究》（2007）从语言哲学、思维方式、辩证思想的角度，对汉英语言中的意合和形合现象作了全面而系统的研究。王菊泉的"关于形合和意合问题的几点思考"（2007）一文则在梳理前人有关形合和意合的论述基础上，讨论了这两个概念的学术价值，认为"这对概念是在特定历史条件下对汉语和印欧语的表达方式作比较的产物，有很充足的语言类型学的理据，值得深入探讨"。马绪光的"'形合'、'意合'与英汉翻译的句法策略"（2010）认为"形合与意合是英语和汉语间的最重要的区别。汉语以意合为主，形合为辅；而英语以形合为主，意合为辅，以形制意。"同时，他还从句子重心的转移、句子的"化整为零"和"化零为整"、句子的"树形结构"和"竹式结构"等方面对形合和意合在英汉文翻译中的作用进行了具体的探讨。

1．2 汉语学界对意合的认识

李靖民（2013）指出，"一般认为，形合和意合的说法是由王力先生在 20 世纪 40 年代提出来的。在1944 年出版的《中国语法理论》中，王力（1984:468-472）谈到汉语"联合成分的欧化"问题时，确实提到了形合和意合，并在括号里分别注明英语的对应词 'hypotaxis' 和 'parataxis'"。后来，在王力先生的《汉语语法纲要》（1957）一书也提到此问题，并举例说明：

（1）小王有病，他没来。（意合句）

（2）因为小王有病，所以他没来。（形合句）

张黎（1997）指出，王力先生的意合法的最初含义指的是不使用关联词语的复句关联法。

关于汉语的语法特点，由于汉语学界是以形态语法观为视点的，因此缺乏形态变化是各家异口同声的论点之一。吕叔湘主编的《现代汉语八百词》（1980）认为汉语的特点是：(1)没有形态变化；(2)虚词常常省略；(3)单双音节对词语结构有影响；(4)汉字对词形有影响。朱德熙在《语法答问》（1985）中认为：跟印欧语比，经常提到的有两点：一是说汉语是单音节语言，二是说汉语没有形态。张志公在《汉语语法的特点和学习》（1985）认为：汉语里没有形态变化，这样在汉语里意义关系在组合之中就显得更加重要了。

汉语是非形态语言，汉语语法以各级语言单位组合为主体。这个总的特点派生出一系列具体特点，其强制性之中有灵活性，灵活性中又有强制性。总的说来强制性规则少，而可选择的规则比较多，选择的基本标准是表情达意的需要，其核心是语义问题。陈昌来在"新时期汉语语法特点研究：现状·角度·反思"（1996）一文中认为：由隐性语法形式构成的隐性语法范畴（如语义语法范畴）的存在，是汉语区别于有外在形态变化语言的一个特点。黄永红、岳立静在"汉语语法特点与汉民族文化关系的几点思考"（1996）中说，"意合性是汉语语法的一个突出特点，汉语的词、短语和句子都是遵循这一原则的。汉语的词类没有明确的词类标志，没有丰富的构形法，在词和词的组合上汉语也没有严格的形态变化，因此，在语言的运用中也就没有什么语法范畴的限制。……如果说意合性体现的是汉语语法的内在素质，那么灵活性则可以说是表现了汉语语法的外在素质。由于有意合的统摄，汉语语法在形式上就简省多了，在结构上也有了较大的灵活余地。"龚千炎在《中国语法学史》（1997）中说，"汉语的本质特点在于，由于缺乏严格意义的形态变化，因而结构独特，灵活多变，颇多隐含，着重意念。"邵敬敏在"论汉语语法的语义双向选择性原则"（1997）中指出：我国语言学界通常认为，汉语语法的总特点是缺乏严格意义上的形态变化。但是，这只说明了其中的一点，更为重要的是它特别重视语义的选择。他将汉语语法的特点概括为"不重形式表现，特重意义选择，是词语语义的双向性选择原则决定了句法结构组合的合法性。"

1．3 汉民族思维论中的意合论

语言和思维密切相关，汉语的意合性也被认为来自于汉民族思维的特征。西方的一些学者认为，汉语因汉字结构（单音节、字形不变）而不太适合于抽象思维，更有利于直观的形象思维。而中国式的思维多带有审美和伦理色彩，缺乏思辨性和抽象性。西方的逻辑思维主要借助句法形态的抽象，而表意文字使中国人推崇类比思维（参见方维规2011）。

连淑能在"论中西思维方式"（2002）一文中，从十对基本特征讨论了中西思维方式的不同，即：伦理型和认知型；整体性和分析性；意向性和对象性；直觉性和逻辑性；意象性和实证性；模糊性和精确性；求同性和求异性；后馈性和超前性；内向性和外向性；归纳型和演绎型。他认为，汉人的思维是伦理型的，注重整体性、意象性，讲究归纳法，因此整体上具有求同性等特征。而朱晓农更是提出秦人逻辑的说法，他在"语言限制逻辑限制科学:为什么中国产生不了科学"（2015）一文中说，"科学产生的必要条件之一是演绎逻辑，而逻辑最初产生的必要条件是以主谓结构作为主导句式的语言。"其意可推演为，汉语不是主谓结构清晰的语言，当然从汉语中是难以产生形式逻辑的。

在民族心态、思维特点与意合的关系上，汉语学者也有很多讨论。萧国政、吴振国在"汉语法特点和汉民族心态"（1989）一文中指出，汉语的一个特点是意合性，汉语词、短语和句子的构成不注重形式上的标志，而依靠构成成分间的意义关联，汉语语法的主要特点就是重意合，轻形式。徐静茜的"汉语的'意合'特点和汉人的思维特点"（1987），沈锡伦的"从形式和意义谈汉语的意合特点"（1990）也有相关论述。

1．4 古典文论中的意象论

唐代诗人王昌龄在《诗格》中说："诗有三格。一曰生思，久用精思，未契意象，力疲智竭，放安神思，心偶照镜，率然而生"。可见意象是诗人心灵创作。明代学者胡应麟在其诗论专著《诗薮》中提出"古诗之妙，专求意象"。可见，在我国古典诗论中，意象论历来是写诗和论诗的重要范畴。当然，对意象的内涵可有不同的阐释，但汉语和汉字的意合性不能不说是我国古典文论中重视意象传统的远文字学上的重要理据。

而今人朱光潜在《诗论》（1943/2001）中则说，"诗的特殊功能就在以部分暗示全体，以片段情境唤起整个情境的意象和情趣。诗的好坏也就看它能否实现这个特殊功能"。汉语的这种意象性曾给予美国著名诗人、意象主义诗歌代表人物 Ezra Pound 巨大的影响，他曾与人合著《汉字作为诗媒》("The Chinese Written Character as a Medium for

Poetry",1935)，改编并翻译出版了《神州集》（1915）等儒家经典，并以汉字、汉语的意象性为突破口，在理论和实践上积极提倡意象主义的诗歌，并由此形成了意象主义诗歌流派。

二、关于意合语法的争鸣

2.1 《北方论丛》关于意合语法的争鸣专栏

1995 年，《北方论丛》开辟了关于意合语法的争鸣专栏。该刊专栏的编者案这样写到：

"到 1998 年，中国第一部现代语法学著作《马氏文通》出版将整整一百年。在这一个世纪中，中国语法学到底以怎样的面貌出现在世人面前呢？语言学界的先辈前贤们为中国现代语言学的建立，曾做出了不可磨灭的贡献，那些语言大师的名字连同他们的传世之作在中国现代语言学的历史上将永远光彩熠熠。到了本世纪 80 年代，一股新的学术思潮又给中国语言学界带来勃勃生机，伴随文化和文化史研究的热潮，出现了语言与文化相关性理论。这种理论主张科学的语言学应向民族文化和民族传统认同，并加以转化，创立具有中国特色的语言学。前几年，本刊组织的'文化语言学争鸣'，就是在这种思潮影响下开展起来的，这一争鸣一直持续到现在，曾引起海内外语言学者的极大关注。从本期起我们又推出一个新的专栏'汉语意合语法争鸣'，我们认为，汉语意合语法论者旨在开掘汉语区别于其他语言独特的语法结构，体现了以新的科学精神向中国文化传统认同的意识。我们期待，本刊这一新的讨论，能为中国现代语言学的发展繁荣起到推波助澜的作用，并以此纪念中国现代语言学诞生一百周年。"

同期，刊有金立鑫的"'汉语意合语法'批判"（1995a）一文，同时还刊有张黎的"论汉语句子的语义结构"（1995）一文。可以认为，这是汉语学界围绕意合语法问题的第一次争鸣。在这次争鸣中，金立鑫旗帜鲜明，首当其冲。

2.2 金立鑫对意合语法的批判

在所有意合语法的批评意见中，金立鑫的意见最早，最直接。由于金立鑫对意合语法的批评激烈而直接，且有针对性，代表了一些人对意合语法的意见。他先后发表了两篇论文专门批评意合语法，即"'汉语意合语法'批判"（1995a）和"对张黎的'意合语法'批判之二"（1995b）。综合两篇文章，其主要观点如下：

一、语法是形式之法还是意义之法？文章认为，"语法的问题是有关语言组合形式手段方面的问题，……其研究对象当然也就集中在语言组合过程中所使用的形式或手段上，这应该是十分清楚的。"而意合语法主张研究语义，这违反语言科学的常识。

二、意合语法观的基本失误是误认为只有汉语有意合现象。而实际上在其它语言中也有意合现象。他举出如下英语中的实例：

the shirt is white.

return thanks（答谢）

be moved to tears（感动得流泪）

cut about（乱切，乱砍）

on the cross (get sth. on the cross)（不光明正大）

dog hole（狗洞）

dog lead（狗链子）

mouse trap（老鼠夹子）

他认为这些表达也是英语中的意合现象。

三、"语法学的目的在于揭示语法形式和语法意义的对应关系，这已经得到国内学术界的普遍认同。……如果我们能够指出什么样的语法意义在什么样的条件下表现为什么样的语法形式，那么，这就是一种语法学的解释。语法学的工作理所当然地应该在这方面展开。"因此，意合语法并没有给语法研究带来什么新东西。

四、意合语法提出的"语义句型"观点有失偏颇。句型应是句法形式上格局系统，"句子的语义"怎么能够有类型呢？

五、存在方法上的问题。意合语法研究的大部分工作是在语义的分类，但由于在理论上的目标不明确，直接导致了语义划分的随意性。

六、功能还是语义？"张黎先生成功的分析是将祈使度总结为一个连续统："

商量性－劝诱性－催促性－命令性

然而"这不是语义上的再分类，而是功能性质的分类，这不是语义的连续统，而是功能上的连续统。"

七、意合语法的出路。"早期提出意合语法，大概是可以理解的。由于研究方法上的问题，研究水平的问题，许许多多的语法现象一时解决不了，作为权宜之计，推之为意合现象。在当时是可以理解的。现代语言学可以说已经相当发达……"，当代语言学需要研究"在转换到表层结构的过程中，是哪些因素决定了哪些底层符号转换为语言形式，而哪些底层符号不转换为语言形式。研究这些现象，才是我们走出'意合'现象的出路。"

2.3 卢英顺对意合语法的批评

对意合语法的批判，也见于一些语法专著中。比如，卢英顺在其所著《形态和汉语语法研究》（2005）中写到：

"近年来，汉语语法学界有人倡导建立所谓'意合语法'。有人认为，这种意合语法研究的是'意义间的搭配规则及规则系统'。[①]

词语的搭配，在语义上当然有其'规则'。问题是单讲语义上的搭配而不讲句法结构和表示搭配关系的形式行不行？就拿'施事-动作-受事'、'施事-动作-工具'等等语义格式来说，既是格式，就在句法结构上表现为一定的格局，就会体现出一定的有序性，这也就有了形式，而在汉语中，这种形式控制着施事和受事的位置：施事位于动词之前，受事位于动词之后。可见，所谓的语义格式并不是没有形态标志的。由此看来，真正靠所谓'意合法'来建立汉语的语义规则及规则系统是建立不起来的。

意合语法的立论根据之一是：'合格句的产生，除了句法的限制外，关键因素在于其是否在语义平面上搭得拢，而是否搭得拢的标准就是句法语义形式。''意合语法的基本范畴是句法语义范畴。'[②]我们现在需要指出的是，语义上的搭配限制不只是为汉语所独有，其他族语也如此。乔姆斯基举过这样一个例子：Colorless green ideas sleep furiously（无色的绿色的念头狂怒地在睡觉），他认为这句是合语法的，但无意义。我们认为，准确地说应该是，这句合英语的句法，但不合语义，如果没有可能的语用条件，那么这句从语法上看就是不合格的。类似这样的例子不胜枚举。我们能由此得出结论说英语的语法也是'意合'抑或'形合兼意合'？

意合语法的立论根据之二，是意合语法'直接以语义为组合直接单位，故而在整体上形成了一些总的原则'，即'经济原则'和'自然原则'。[③]……至于经济原则，马丁内早就注意到了，不同的族语都讲究经济原则。意合语法的提倡者说：'意合法……在复合词中表现尤为突出。许多复合词都是利用语义范畴间的搭配关系而进行组合的。'（同上）关于这一点，金立鑫（1995）针对性地指出英语中也不乏此类现象。而所谓'经济原则'中的'零形式'（即'省略'）之类，不仅汉语中有，英语、日语等各种族语里都不同程度地存在着，意合语法论者把各种族语中普遍存在的共性当作汉语的个性，是不得要领的。"

2.4 石定栩的批评

石定栩在"汉语句法的灵活性和句法理论"（2000）中说，"如果有些语言的句法系统不受结构限制，能够让词语像基本粒子那样随意碰撞，凑在一起就能意合成句，意合到也可以成为一种新的语言类型概念。但是，这样做的前提是确实存在不依赖形式就能表达意义的自然语言，而要证明这一点并非易事。汉语虽然常被视为意合语法的典型，其意义表达也还是不能脱离形式。"

文章还指出，"其实，意合语法论的基本观点，即只有印欧语才依赖形式去规范句法，而汉语则不需要用形式来规范，是按照一种自相矛盾的逻辑推导出来的。意合语法的论证集中在印欧语言的各种具体规范形式，如用屈折变化表示句子成分之间的关系，句子一定要有形式上的主语，大量使用连接成分以及一定要有谓语动词等等。与此相对立的是汉语极少屈折变化，并不需要看得见的形式主语，较少用连接成分，句子中的动词也可以不出现。正是在这种对立的基础之上，意合语法得出了汉语没有形式规范的结论，其逻辑推理的前提必然是只有印欧语言使用的句法形式才算得上形式，任何其它类型都算不上形式。既然汉语没有使用印欧语的形式，就应该说成没有句法形式。意合语法高举反对独尊印欧语言的大旗，却又将印欧语言的句法形式当做唯一的标准，有点难以自圆其说。"

2.5 沈家煊的批评

沈家煊对意合问题也有评述，虽言语不多，但份量不轻，代表了一部分学者们的看法。他在《外教社认知语言学丛书》的总序中写到，"有人说，汉语的语法研究从《马氏文通》起基本上是借鉴西方分析的方法，对注重意合的汉语不见得适用。遗憾的是，汉语究竟是怎么个意合法，我们自己并没有说出什么道理来。现在西方语言学界的有识之士也注重综合，对语言结构的意合研究据我所知已取得不少成果，这一点值得引起我们的反思"。沈家煊的这段话有两层意思：一是西方语言学界对语义问题已经有很好的研究成果，值得中国语言学借鉴；二是到底怎么个意合法？我们也没说清楚。

对于第一层意思，因为西方语言学界对于语义问题、认知问题的确有很好的研究，应很好的学习和借鉴。但同时，这种研究难以代替汉语自身的研究。由于语言类型学上的不同(不仅仅是形态类型学上的不同，更重要的是认知类型学上的不同)，汉语语法理论应基于汉语的语言事实来提出，而汉语的意合问题可以说是推进汉语语法研究的关键问题。如吕叔湘（1986）所言，"过去，中国没有系统的语法论著，也就没有系统的语法理论，所有的理论都是外来的。外国的理论在那儿翻新，咱们也就跟着转"。

对于第二层意思，是汉语学界要努力解决的关键问题。沈家煊所提出"揉合"和"截搭"说，可以看作是对汉语语义组合形式和规律的有意义的探索，值得进一步研究。沈家煊近期的研究致力于从汉语的语言事实中提出属于汉语的语法理论，值得期待。

2.6 任永军对意合语法的评述

任永军2010年在《汉语学习》第3期上发表了题为"汉语意合问题研究述略"一文，较全面而客观的评述了汉语意合的研究概况。他认为，关于汉语语法的意合问题大部分研究大都集中在意合的定义、现象、规律、特点等方面，只有个别学者致力于构建汉语意合语法体系，张黎就是这方面的代表。"张黎（1997a）认为'意合语法是以语义范畴的确立以及各层级语义范畴间的相互选择制约、相互组合搭配的规则系统为研究对象的'。因此，意合语法也可称为范畴语法。"其主要内容包括：（一）语义范畴的确立，（二）语义范畴之间的相互选择制约关系，（三）语义范畴间的组合搭配规则系统。

文章指出，"不同层级的语义范畴具有不同层级的语义搭配律，可搭配的构成语义合律，不可搭配的构成语义悖律。不同层次的语义范畴有着不同格局的语义搭配格式，反映句子的基本语义范畴搭配的语义格式便是语义句型。这种语义句型在语言结构中大量存在，应该深入地加以探索。意合语法致力于语义范畴的穷尽性描写，由类型不一的语义范畴构成的语义范畴网络将为语法事实的描写和解释提供有效的研究手段。……张黎关于意合语法的研究很明显是努力从汉语本体出发的，所得结论能够解释部分语法事实，但是，他在此主张用意义解释意义，与语法研究的一般方式还有较大偏离，毕竟语法的研究目的是弄清语法形式和语法意义的对应关系。再者，其所构拟的意合语法体系可操作性值得商榷，这也大大降低了其理论的实用价值。"

2.7 徐国玉对意合语法的评述

徐国玉2013年在《汉语学习》第4期上发表了题为"汉语语法研究的方向性探索－《汉语意合语法研究》评介"的署名文章，是对张黎（2012）《汉语意合语法研究－基于认知类型学和语言逻辑的建构》一书的书评。该文较全面地评述了汉语意合语法研究，认为汉语意合语法研究是有价值的探索，是汉语语法研究的方向发展方向。他认为"二十世纪九十年代，在文化语言学的摇旗呐喊中，作为对结构主义的反动，汉语学者开始在本体论的层次上对汉语自身特点进行全面的、认真的思考。其中，汉语意合问题成了人们注意的焦点之一"，他特别赞同以下三点：

(1)汉语的语法系统存在于认知平面，也就是说，只有在认知平面上才能真正概括出汉语语法的规则系统。

(2)语言的认知结构的不同决定了不同语言的语法范畴的不同。

(3)汉语的语义组合是常识性的、临摹性的最简组合。

在具体评述了意合语法的理论原则，研究方策之后，文章指出："汉语意合语法学的探索是一个方兴未艾的事业，很多问题亟待研究，很多方面有待深化。但毫无疑问，意合语法的研究是关涉汉语语法研究的方向性探索"。

2. 8 袁毓林的意合语法研究

袁毓林 2015 年在《中国语学》发表了"汉语意合语法的认知机制和描写体系"一文，"旨在厘清汉语语法的不同含义，揭示汉语意合语法的认知机制和运作过程，建立足以刻画汉语语法的意合机制的描写体系。"文章说明了低级版本的意合法和高级版本的意合法，认为"低级版本的意合法侧重于语法形式的不充分性，而高级版本的意合法侧重语言形式的不完整性。"理论上，作者援引主体间性和体验性认知理论；具体操作上，作者"基于概念结构'词库—构式'等多层次结构（论元结构、物性结构、骨架结构、时体结构和认识结构等）"，试图建立一种互动的、分层次的模式识别的描写体系。

袁毓林的研究反映了国内语言学界对意合语法的最新关注和探索，是一种结合西方语言理论，面向计算机的智能理解所需的知识库和语料库的计算语言学取向型的研究。这种研究以意合语法为理论基础，以计算语言学，形式语义学和认知语言学的方法为研究手段，与当代西方语言学的研究同步而行。这一研究涉及理论面广，技术操作性强，显示了意合理念在自然语言的人工智能理解方面的可塑性。

三、意合语法研究的新进展

上文中，我们汇集了国内学界对汉语意合语法的诸多评议。近年来关于意合语法的研究取得了一些新的进展，在此将其概述如下。

（一）正如任何新思想、新观念的产生和发展一样，汉语意合语法学也是有一个发生和发展的过程的。张黎在"意合语法三十年"（2018）一文中，对意合语法的发生和发展的过程做出过以下划分：（1）意合语法理念的酝酿期（1987－1991）；(2)意合语法的初期理论（1991－1994）；(3) 意合语法的语义范畴论（1994－2007）；(4)基于认知类型学理念的研究（2007－2012）；(5)意合语法理论的现代阐释（2012－现今）。在早期的研究中，由于历史的局限性，意合语法的研究还局限于摆脱印欧语系语法研究的以形态为中心的研究倾向、致力于汉语语法语义系统的建构的阶段。因此，从现在的研究角度看不免有些粗造，研究的对象不够明确，研究的方法也不够成熟。不过这种现象在意合语法的以认知类型学为基本理念的研究中得到了纠偏。可以说，认知类型学理念的提出，使意合语法的研究走上了基于汉语事实的现代语言学研究之路。

从意合语法研究的发展过程中我们可以看到，意合语法研究的理论是在顺应时代的发展而不断进取的。如果说在其初期理论阶段，意合语法的理念对于破除以形态为语法研究核心的传统研究具有积极意义的话，那么到了以三个平面为研究对象的时期，意合语法的语义观已经是一个大语义观（包括语义、句法、语用），这就拓展了汉语语法研究的视野，使句法、语义、语用在语言的深层层面上得到了统一。而在基于认知类型学理念的研究时期，意合语法提出了认知类型学的理念，并以此为基础对汉语的一些问题进行了具体的探索。近期，意合语法又提出"一音一义"的语言类型学的原则，这就使意合语法研究立足于汉语语言事实基础上了。

（二）张黎（2016）基于语言类型学的理念，认为汉语是"一音一义"形的语言，这同"多音一义"型的语言是一种语言类型学上的对立。他这样写到："在语言的音义关系上，形态型语言是一对多的关系、即一个意义对映多个音节，而汉语则是一对一的关系。这是汉语同形态型语言在语言初始状态上的不同，可以认为这种不同是言语组织策略的关键性的差异，是语言文化上的 DNA 的不同。正是由此，才生出汉语的 1(n)=1 的组合，1+1=2 的组合和 1+1>2 的组合。 因此，如果能够找出判定 1+1=1(复合词)、还是 1+1=2(词组或短语)、仰或是 1+1>2(句子)的规则系统的话，那么我们就可以把"一音一义"原则和句法挂钩，实现从词法到句法的过渡，从而也就能够建构由前向后的线性句法组合规则及其系统。我们的基本想法是：由 1(n)=1 的音节构成单纯词和复合词；再由 1(n)+1(n)=2 构成词组和短语，而这个词组或短语就是一个语块儿；最后由 1(n)+1(n)>2 的语块构成句式和句式系统。在这个句法化过程中，一音一义原则起着关键作用。因为线性组合的每一个音节必有一个意义在，音节和音节间的联结就是意义间的联结。而意义间的类别不同就决定了不同的句法组合"。可以看出，这是意合语法基于汉语的语言类型的本质特征而提出的汉语语法研究的基本理念。

（三）张黎（2022）"汉语双音复合词的意合机制"一文，以百科全书知识系统的结构化和可操作化为目标，对汉语双音复合词的意合机制做出了新的探索。文章指出："组合体指一个复合型语言单位的构件，包括语素组合，词的组合，短语的组合以及句子间的组合。对于合成词来说，就是指两个语素的组合。百科知识库，即百科知识系统。包括词库，构式库，物性结构知识库，动相结构知识库，性状结构知识库，事象类型库，语义场知识库，语义关联知识库，属性知识库，等等。其中词库就是词典；构式库主要指各种句式的总和；物性结构指对名物的语义描写。动相结构指对动作的各种状态的语义描写（即时体特征）。性状结构指对各种性质和状态的描写。语义关联则是指对各种语义关联的描写。语义场知识库指词义的聚合性和组合性的语义网络。属性知识库则是指对一个词的常识性知识的描写。我们认为，以上意合底库可以使我们用一个统一的框架描写和刻画不同层次的语言单位间的组合规则。"

同时，上述论文对汉语的"形"、"音"、"义"、"象"的关系提出了"四位一体"的模式，将汉语的"形"、"音"、"义"、"象"四位一体的关系做出了如下描写："一个音义组合体对应于一个字，再由这个形音义三位一体的组合对应于一个心理意象。即：[（1 音=1 义）<1 形]>1 象这一公式的语义解释为：（1）一音对映于一个义；（2）一个汉字统摄一个音义结合体；（3）由汉字所表征的音义结合体映射在心理认知层面上，构成一个心智意象。"意合语法认为，"汉语的这种"四位一体"的[（1 音=1 义）<1 形]>1 象的属性，具有语言类型学的价值，是汉语型语言不同于形态性语言的根本之处。"

从以上研究可以看出，意合语法的现今研究摆脱了早期单纯追求语义研究的范式，其语义的解释是一种大语义观，即：基于汉语的语言类型学本质特征为基础的，以百科知识系统的范畴化、结构化和可操作化为目标的语法研究。

附注

1) 原文附注："常理（1987）：谈谈"意合法"，《北方论丛》，第 2 期。"

2) 原文附注："张黎（1994）：《文化的深层选择——汉语意合语法论》，第 66、68 页。"

3) 原文附注："参看张黎（1994）第 83 至 88 页。"

参考文献

常 理 1987. 谈谈"意合法"——兼论汉语语法的特点，《北方论丛》第 2 期。

陈昌来 1996. 新时期汉语语法特点研究：现状·角度·反思，《烟台师范学院学报（哲学版）》第 1

期。

龚千炎 1997.《中国语法学史》，语文出版社。

方维规 2011. 语言与思辨——西方思想家和汉学家对汉语结构的早期思考，《学术研究》第 4 期。

郭富强 2007.《意合形合的汉英对比研究》，中国海洋大学出版社。

黄永红、岳立静 1996. 汉语语法特点与汉民族文化关系的几点思考，《民俗研究》第 3 期（总第 39 期）。

金立鑫 1995a. "汉语意合语法"批判，《北方论丛》第 5 期。

金立鑫 1995b. 对张黎的"意合语法"批判之二，《汉语学习》第 6 期。

连淑能 2002. 论中西思维方式，《外语与教学教学》第 2 期。

李靖民 2013. 形合和意合及 Hypotaxis 和 Parataxis，《英汉翻译实践要略》，天津社会科学院出版社。

卢英顺 2005.《形态和汉语语法研究》，学林出版社。

吕叔湘主编 1980.《现代汉语八百词》，商务印书馆。

吕叔湘 1986.《中国语法学史》序，龚千炎《中国语法学史稿》，语文出版社。

马绪光 2010. "形合"、"意合"与英汉翻译的句法策略，《上海师范大学学报（哲学社会科学版）》第 39 卷第 1 期。

Nida, Eugene A. 1982. *Translation Meaning*. California: English Language Institute.

任永军 2010. 汉语意合问题研究述略，《汉语学习》第 3 期。

邵敬敏 1997. 论汉语语法的语义双向选择性原则，《中国语言学报》第 8 期。

沈家煊 2006.《外教社认知语言学丛书》总序，上海外语教育出版社。

沈锡伦 1990. 从形式和意义谈汉语的意合特点，《汉语学习》第 3 期。

石定栩 2000. 汉语句法的灵活性和句法理论，《当代语言学》第 1 期。

王菊泉 2007. 关于形合和意合问题的几点思考，《外语教学与研究》第 6 期。

王 力 1957.《汉语语法纲要》，上海新知识出版社。

萧国政、吴振国 1989. 汉语法特点和汉民族心态，《华中师范大学学报（人文社会科学版）》第 4 期。

徐国玉 2013. 汉语语法研究的方向性探索——《汉语意合语法研究》评介，《汉语学习》第 4 期。

徐静茜 1987. 汉语的"意合"特点与汉人的思维习惯，《湖南师范专科学校学报》第 1 期。

袁毓林 2015. 汉语意合语法的认知机制和描写体系，『中国語学』第 262 号。

张 黎 1995. 论汉语句子的语义结构，《北方论丛》第 5 期。

张 黎 1997. 什么是意合语法？——关于意合语法的讨论之一，《汉语学习》第 5 期。

张 黎 2012.《汉语意合语法研究——基于认知类型学和语言逻辑的建构》，白帝社。

张　黎　2016. 汉语意合语法的句法机制,《中国语文法研究》2016 年卷。(又见《汉语语法研究的新拓展》(八)，2017，上海教育出版社。)

张　黎　2018. 意合语法三十年,《汉语国际教育学报》第 3 辑。

张　黎　2022. 汉语双音复合词的意合机制，大東文化大学『中国言語文化研究』第 11 号。

张志公　1985.《汉语语法的特点合学习》，上海教育出版社。

朱德熙　1985.《语法答问》，商务印书馆。

朱光潜　1943/2001.《诗论》，上海古籍出版社。

朱晓农　2015. 语言限制逻辑限制科学：为什么中国产生不了科学,《华东师范大学学报（哲学社会科学版)》第 47 卷第 6 期。

中国語文法研究 2022 年巻
Journal of Chinese Grammar June 2022

発行日 2022 年 6 月 15 日

編　集 中国語文法研究会

〒574-0013　大阪府大東市中垣内 3-1-1
大阪産業大学国際学部　張黎研究室
Tel：072-875-3008　内線 4528
E-Mail：zhangli@las.osaka-sandai.ac.jp

発行所 株式会社 朋友書店

〒606-8311　京都市左京区吉田神楽岡町 8 番地
Tel：075-761-1285／Fax：075-761-8150
フリーダイヤル：0120-761285
E-Mail：hoyu@hoyubook.co.jp
ホームページアドレス（网址）：http://hoyubook.co.jp/
ISSN 2186-4160